O BRINCAR COMO SINALIZADOR DE SOFRIMENTO PSÍQUICO

Blucher

O BRINCAR COMO SINALIZADOR DE SOFRIMENTO PSÍQUICO

Construção da relação objetal da criança autista e suas implicações no trabalho de intervenção precoce

Camila Saboia

O brincar como sinalizador de sofrimento psíquico: construção da relação objetal da criança autista e suas implicações no trabalho de intervenção precoce

Editora Edgard Blücher Ltda.

Publisher Edgard Blücher
Editor Eduardo Blücher
Coordenador editorial Rafael Fulanetti
Coordenação de produção Andressa Lira
Produção editorial Thaís Pereira
Preparação de texto Bárbara Waida
Diagramação Guilherme Salvador
Ilustrações do Capítulo 8 Plin editorial
Revisão de texto Renata Truyts
Capa Laércio Flenic
Imagem da capa Roda infantil (1932), Candido Portinari (1903-1962)

Blucher

Rua Pedroso Alvarenga, 1245, 4º andar
04531-934 – São Paulo – SP – Brasil
Tel.: 55 11 3078-5366
contato@blucher.com.br
www.blucher.com.br

Segundo o Novo Acordo Ortográfico, conforme 6. ed. do *Vocabulário Ortográfico da Língua Portuguesa*, Academia Brasileira de Letras, julho de 2021.

Dados Internacionais de Catalogação na Publicação (CIP)
Angélica Ilacqua CRB-8/7057

Saboia, Camila

O brincar como sinalizador de sofrimento psíquico: construção da relação objetal da criança autista e suas implicações no trabalho de intervenção precoce. Camila Saboia. – São Paulo: Blucher, 2024.

216 p.

Bibliografia

ISBN 978-85-212-2020-6

1. Psicanálise 2. Crianças autistas I. Título

24-0463 CDD 150.195

Índice para catálogo sistemático:
1. Psicanálise

Aos meus pequenos, Antônio e Theodora, por me ensinarem, visceralmente, que é no brincar que encontramos as cores e os sabores da vida.
Aos meus pacientes, por me mostrarem, todos os dias, que não há existência sem a experiência do brincar.

Agradecimentos

A Geneviève Haag (*in memoriam*), que tanto me ensinou sobre o encontro necessário da presença humana no trabalho clínico com as crianças autistas.

A René Roussillon, pela sua participação na defesa da tese que culminou neste livro e pelas constantes trocas teórico-clínicas, tão inspiradoras na minha prática clínica.

A Marie-Christine Laznik, pela sua transmissão sempre inovadora.

A Bernard Golse, pela sua presença primordial no meu percurso profissional.

A Maria Cristina Machado Kupfer, pelo apoio em importantes projetos profissionais.

A Mariângela Mendes de Almeida, pela sua escuta fina e precisa diante dos desafios da clínica.

A toda equipe do Instituto Entrelacer Psicanálise & Infância, pela parceria e trocas.

Conteúdo

Parte II

Prefácio
Os bebês sabem brincar?

Bernard Golse[1]

Sou muito grato à Camila Saboia por ter me convidado para redigir o prefácio de seu livro *O brincar como sinalizador de sofrimento psíquico*, não somente porque esse livro me parece importante do ponto de vista da concepção teórico-clínica do desenvolvimento da criança e de seus transtornos, mas também por razões afetivas.

1 Psiquiatra e psicanalista infantil (membro da Associação Psicanalítica da França), ex-chefe do Departamento de Psiquiatria Infantil do hospital Necker-Enfants Malades (Paris) e professor emérito de Psiquiatria Infantil e Adolescente na Universidade Paris Cité. Fundador do Instituto Contemporâneo da Infância e membro titular do Laboratório "Psicologia Clínica, Psicopatologia, Psicanálise" (PCPP), da Universidade de Paris. Ex-membro do Conselho Superior de Adoção (CSA) e ex-presidente do Conselho Nacional de Acesso às Origens Pessoais (CNAOP). Presidente da Associação Pikler-Lóczy França (APLF) e da Associação de Formação em Psicoterapia Psicanalítica de Crianças e Adolescentes (AFPPEA) e ex-presidente da Federação Francesa de Psicoterapia Psicanalítica de Crianças e Adolescentes (FFPPEA). Presidente da CEREP-Phymentin, da Associação Europeia de Psicopatologia da Criança e do Adolescente (AEPEA) e da Coordenação Internacional entre Psicoterapeutas Psicanalistas membros associados que trabalham com autistas (CIPPA).

Algumas palavras sobre as razões afetivas

Camila Saboia teve participação ativa no programa de pesquisa criado por mim, em 2005, no hospital Necker-Enfants Malades, intitulado Programa Internacional sobre a Linguagem da Criança (PILE), que foi inicialmente coordenado por Valérie Desjardins e, depois, por Lisa Ouss. Esse programa tinha como objetivo identificar em diferentes coortes de crianças, no primeiro ano de vida, sinais de alerta, indícios de risco de autismo ou de transtornos da linguagem, mediante um acompanhamento das crianças ao longo de vários anos, numa perspectiva multiaxial e transdisciplinar.

Não vou me deter aqui nos impressionantes resultados dessa pesquisa, que foram publicados de forma sintética em 2018,[2] mas entre as problemáticas estudadas encontravam-se o surgimento da relação objetal do bebê e suas implicações na produção de seu brincar, assuntos pelos quais Camila particularmente se interessou, ao ponto de escolhê-los como tema de sua tese de Doutorado em Psicologia pela Universidade de Paris VII, a qual tive o prazer de orientar e que foi brilhantemente defendida em 2011.[3]

---

2 Ouss, L., Le Normand, M.-Th., Bailly, K., Leitgel-Gille, M., Gosme, C., Simas, R., Wenke, J., Jeudon, X., Thepot, S., Da Silva, T., Clady, X., Thoueille, E., Afshar, M., Golse, B., & Guergova-Kuras, M. (2018, 19 fev.). Developmental Trajectories of Hand Movements in Typical Infants and those at Risk of Developmental Disorders: An Observational Study of Kinematics during the First Year of Life. *Frontiers in Psychology*, 9-83.

3 Saboia, C. *Du jeu du bébé au jeu de l'enfant: une approche pour la compréhension de la construction de la relation d'objet chez l'enfant autiste (recherche d'indicateurs de risque d'autisme)* [Do brincar do bebê ao brincar da criança: uma abordagem para a compreensão da construção da relação objetal na criança autista (pesquisa de indicadores de risco de autismo)]. Tese de doutorado defendida em 6 de janeiro de 2011 para a obtenção do título de Doutora em Medicina Científica, Psicopatologia e Psicanálise, no Programa de Doutorado "Pesquisa em Psicanálise" da Universidade Paris VII. Orientador: prof. B. Golse. Presidente da banca: prof. A. Vanier. Relatores: profs. D. P. Roman e R. Roussillon. Convidada: dra. G. Haag.

Foi assim que tive a oportunidade de apreciar as qualidades humanas e profissionais notáveis de Camila Saboia, que, mais que uma pessoa, é uma figura impressionante. Sua inteligência, comprometimento, tenacidade, trabalho árduo, humor e charme fazem dela uma aluna inesquecível e, hoje, uma colega de imenso valor.

Há alunos que passam, alunos que ficam e, entre os que passam e os que ficam, há aqueles que são lembrados. Camila não ficou em Paris, mas deixou, ao partir, muito mais do que lembranças... nos deixou uma presença viva!

Foi nessa época que ela conheceu Geneviève Haag – grande observadora de bebês e grande analista de crianças autistas – e descobriu seus trabalhos fundamentais, tão decisivos e tão estimulantes para todos aqueles que privilegiam uma abordagem transdisciplinar, multifatorial e não cindida dos transtornos autísticos.

Geneviève Haag, infelizmente, nos deixou há pouco (em julho de 2022), e sentimos muito sua falta, mas é um imenso prazer ver brotarem, hoje, todas as sementes que ela plantou. E Camila Saboia está incontestavelmente entre aqueles e aquelas que receberam um legado de Geneviève Haag, a respeito do qual costuma falar com grande gratidão. Saber ser grato é uma grande qualidade, e sempre fico muito tocado, para não dizer emocionado, ao ver que Camila é capaz de assumir essa gratidão.

Geneviève Haag fundou a CIPPA[4] em 2004, associação que eu presido desde 2015, e agora estou muito feliz de ter Camila entre os responsáveis pelo grupo latino-americano da organização, que vem crescendo notavelmente e com grande importância.

Por tudo isso, tenho um enorme carinho e afeto por Camila Saboia e comemoro com grande entusiasmo a publicação deste livro,

4 Coordenação Internacional entre Psicoterapeutas Psicanalistas e membros associados que trabalham com autistas.

cujo interesse e a importância refletem fielmente sua personalidade tão rica e cativante.

A questão do brincar precoce

Este livro aborda questões fundamentais acerca da emergência do sujeito, da relação do uso do objeto e da clínica do brincar em sua dimensão ontogenética. Devemos agradecer Camila Saboia por nos convocar a uma reflexão teórica tão profunda e consistente.

A problemática proposta pela autora, sobre o brincar precoce como indicador de risco psíquico, convida-nos a indagarmos se os bebês, desde os tempos primórdios de sua vida, são capazes de brincar, e, ainda, de que forma e a partir de que momento – questão sobre a qual refleti há alguns anos,[5] mas sem um enfoque do ponto de vista de um possível risco autístico ou neurodesenvolvimental.

A questão da aquisição do brincar ao longo do desenvolvimento da criança tem como pano de fundo a nova visão que temos do bebê, diferentemente daquela de outrora, centrada na imagem apenas do lactente, isto é, um ser passivo e quase totalmente dependente de seu entorno. Desde essa mudança radical no modo de considerar o bebê, e depois de o termos descrito – provavelmente com um certo exagero – como um verdadeiro "herói" dotado, desde o início, de todas as competências, várias perguntas podem ser feitas a seu respeito:

- O bebê sabe pensar?
- O bebê sabe transferir?
- O bebê sabe brincar?

---

5 Golse, B. (2005). Os bebês sabem brincar? In B. Golse, *Sobre a psicoterapia pais-bebê: narratividade, filiação e transmissão*. Casa do Psicólogo.

Caberia fazer a mesma distinção que se aplica à consciência entre um brincar estético e um brincar não estético. Em outras palavras, assim como existe uma consciência que não é necessariamente consciência de si mesma (consciência não estética), também existe, provavelmente, um brincar não estético em que o sujeito, ou o futuro sujeito, ainda não tem consciência da dimensão lúdica de sua ação.

Saber que se está brincando atesta, de fato, um grau já muito sofisticado de diferenciação intrapsíquica e, na mesma perspectiva, a dimensão "meta" do brincar (brincar de brincar) só pode ser alcançada relativamente tarde no desenvolvimento. Todavia, o brincar do bebê é um dos processos que dão acesso à intersubjetividade, às modalidades de funcionamento triádico, à linguagem e à simbolização, de modo que há uma grande diferença entre o brincar da criança e o brincar do bebê.

As crianças podem perguntar: "Você quer brincar comigo?" ou "Posso brincar com você?". Já os bebês não nos perguntam nada, exigem que brinquemos com eles e, quando tudo corre bem, nos dão muita vontade de o fazer.

Jean Piaget, em sua época, distinguia o brincar em atividades não simbólicas, semissimbólicas e simbólicas, referentemente à gênese das representações mentais cuja maturidade, segundo ele, é alcançada por volta de 18 meses de idade.

Atualmente, no que diz respeito às crianças muito pequenas, costuma-se distinguir o brincar *sensorial* (exploração de objetos por meio dos diferentes canais sensoriais e da percepção), o brincar *funcional* (utilização dos objetos em seu uso comum) e o brincar de *faz de conta* (de tipo simbólico e semissimbólico), cuja instauração por volta dos 15 meses de idade, paralelamente ao acompanhamento do olhar e ao apontar protodeclarativo, foi destacada pela escala CHAT

(*CHecklist for Autism in Toddlers*), proposta por S. Baron-Cohen e colaboradores como uma ferramenta de rastreamento precoce de crianças com risco de autismo.

Essas diferentes formas do brincar, como se vê, não são todas de natureza relacional, e a classificação proposta por René Roussillon parece, então, ser muito heurística. Roussillon propõe a distinção entre o brincar autossubjetivo, o brincar interativo e o brincar intrassubjetivo, como Camila Saboia nos lembra com grandes fineza teórico-clínica e precisão:

- Sob o termo brincar autossubjetivo, podem ser classificadas atividades do bebê que lhe permitem sentir-se existir e garantem um sentimento de continuidade da existência (D. W. Winnicott), ao mesmo tempo que ele se constitui gradativamente como um sujeito pensante e desejante.
- O termo brincar interativo designa todos os comportamentos lúdicos que fazem parte dos diferentes processos de triangulação precoce.
- O chamado brincar intrassubjetivo contribui para um aprofundamento da diferenciação intrapsíquica.

Assim, o que Camila se propõe a investigar em seu trabalho é a função do brincar precoce no processo de subjetivação do sujeito, na construção do nascimento do objeto (material e relacional), bem como seu valor diagnóstico para certas dificuldades do desenvolvimento.

Eu gostaria apenas de destacar, aqui, dois pontos para reflexão: um diz respeito ao lugar que o brincar ocupa na abordagem pikleriana, o outro, à representação do vínculo com o objeto, que, por sua vez, antecederia a própria representação do objeto.

A importância do brincar na abordagem pikleriana

Pensemos nos momentos de "atividade livre" como foram desenvolvidos e teorizados pelas equipes do Instituto Pikler-Lóczy em Budapeste.[6]

Como sabemos, nessa instituição é dada grande atenção aos momentos de trocas interativas com cada criança durante os cuidados com elas, por exemplo, nos momentos de alimentação ou de seus cuidados corporais. Porém, nos intervalos entre esses diferentes momentos em que a cuidadora intervém, pela qualidade de sua presença (por meio de sua função continente, de sua função de tradutora e de sua função transformadora, no sentido bioniano do termo), a criança vivencia momentos de atividade livre ou autônoma, cujo papel também é de extrema importância.

Não se trata absolutamente de deixar a criança sozinha, como alguns podem temer. Pelo contrário, trata-se de deixar a criança, ou melhor, as crianças envolvidas sem uma relação direta com um adulto – que, nesse interim, cuida de outra criança, mas se mantém *ao lado daquelas.*

Nesses momentos de atividade livre, é muito impressionante e emocionante ver a criança realizar verdadeiros experimentos psíquicos. É como se, valendo-se das lembranças de seu recente encontro com o adulto, ela tentasse simbolizar ou pré-simbolizar esses restos mnésicos por meio da manipulação dos objetos colocados à sua disposição, ou mesmo por meio de seu próprio corpo.

Temos, assim, a sensação de assistir a um autêntico trabalho de exploração e criatividade (proto)simbólica, que certamente permite à criança suportar o relativo distanciamento psíquico do adulto, mas

6 David, M., & Appell, G. (2008). *Lóczy ou le maternage insolite*. Erès.

que não é um trabalho na ausência *stricto sensu* deste (o adulto está *ao lado* e cuida de outra criança). Intrassubjetivamente, a criança aprimora sua "capacidade de estar só ao lado do adulto" (D. W. Winnicott) – e aí estão, provavelmente, as raízes de uma certa forma de resiliência.

Seja como for, podemos dizer que a criança "brinca" descobrindo objetos que ela explora sensorialmente e, nesses momentos tão preciosos, o brincar, a ação e o pensamento estão estritamente indissociáveis.[7]

Essa atividade lúdica é muito reveladora da força de desenvolvimento da criança e, sobretudo, daquilo que Maria Torok[8] chamaria de "pulsões de introjeção", mas, obviamente, não se trata de um brincar reflexivo. A criança não tem ciência de que está brincando, mas é claro que a ausência de tais atividades sinaliza muito provavelmente uma distorção do desenvolvimento e talvez indique dificuldades posteriores.

A representação mental do vínculo antes da representação do objeto

O conceito de representação do objeto, por mais útil que seja, parece-me, hoje, um tanto global e macroscópico. Faz-se necessário, portanto, desdobrar esse conceito, que pode ser dividido em três níveis distintos.[9] Pode-se, de fato, distinguir entre representação

---

7 Kálló, E., & Mózes, E. (2009). *Jeu, action, pensée*. Documento audiovisual realizado no Instituto Emmi Pikler, coproduzido pela Associação Pikler-Lóczy Hungria e pela Associação Pikler-Lóczy França e distribuído pela APLF.

8 Torok, M. (1953/2000). Psychanalyse et Pédagogie. *Le Coq-Héron*, *159*(1), 35-36.

9 Golse, B., & Missonnier, S. (2020). Plaidoyer pour une troisième topique – Une représentation intrapsychique du lien intersubjectif avant même la découverte de l'objet. *In Analysis*, *4*(2), 131-138.

mental do lugar do objeto, representação mental dos vínculos com o objeto e representação mental do próprio objeto.

A representação do lugar do objeto remete ao conceito de pre-concepções de W. R. Bion e ao registro do virtual de S. Missonnier. Sua ocorrência é anterior a qualquer identificação do objeto.

Já a representação dos vínculos com o objeto parece muito precoce e testemunha um certo pressentimento do objeto. S. Lebovici[10] dizia em seu tempo: "O objeto é investido antes de ser percebido", e a *brincadeira* do *fort-da* (encontramos aqui a noção de "brincar") mostra claramente que é a continuidade do investimento do barbante (na mão da criança) que permite o investimento simbólico da ausência e da presença do carretel.

Assim, a representação mental que o bebê faz de seus vínculos de apego e do estilo interativo de seus cuidadores advoga em favor de uma possível representação dos vínculos com o objeto, antes mesmo da diferenciação e da representação do objeto como tal.

Por fim, a representação do próprio objeto é provavelmente mais tardia, embora se entenda que esses três níveis de representação do objeto coexistirão, ao longo da vida, na psique do sujeito.

É a estratificação sucessiva desses três níveis representacionais que permitiria a passagem progressiva do sentimento de ser (pré-objetal) ao sentimento de existir (objetal), mediante o pressentimento do objeto a partir da representação mental dos vínculos com o objeto.[11]

Com base nessa distinção, parece-me, portanto, que o brincar precoce do bebê se refere mais à representação do vínculo com o futuro objeto do que à representação do próprio objeto, na medida

---

10 Lebovici, S. (1960). La relation objectale chez l'enfant. *La Psychiatrie de l'enfant*, *VIII*(1), 147-226.

11 Golse, B. (2023). *Do sentimento de ser ao sentimento de existir no bebê.* Instituto Langage.

em que a representação mental do vínculo precede e prepara a representação do objeto. Eu diria que o trabalho de Camila Saboia explora justamente esse nível representacional do vínculo e, nesse sentido, pode fornecer indicadores de risco de transtornos relacionais posteriores, que obviamente correspondem a transtornos do vínculo.

Ao final dessas poucas reflexões, espero ter mostrado o quanto este livro nos abre perspectivas fascinantes, principalmente no que diz respeito ao diagnóstico precoce, até mesmo extremamente precoce, do risco de transtornos no neurodesenvolvimento.

Desejo-lhe o maior sucesso com todos aqueles e aquelas que trabalham com o bebê e que desejam fazê-lo mantendo uma ancoragem psicopatológica e psicanalítica. Isso é importante não só para os bebês, mas também para o futuro de uma psicanálise pré-edípica, da qual sou um fervoroso defensor.

Camila, muito obrigado por nos oferecer esta obra fascinante e tão estimulante para nossas próprias reflexões.

Introdução
O bebê brinca?

Afinal de contas, o bebê é capaz de brincar? Como podemos reconhecer a presença, ou não, de manifestações sensoriais do bebê que poderíamos denominar como expressão de um brincar? Se partirmos do pressuposto de que os bebês brincam, de que lugar estamos situando este brincar, e em que medida podemos pensar que a maneira como o bebê se endereça a um objeto inanimado, o explora ou mesmo o compartilha com o adulto familiar nos diz algo sobre a sua adaptação ao mundo? Por outro lado, poderíamos supor que aquele bebê que pouco se interessa pelos objetos externos investidos e apresentados pela mãe ou pelo adulto de referência teria indícios de um provável entrave no seu processo subjetivo?

Essas perguntas permeiam a proposta deste livro, que traz como ponto de reflexão a compreensão do brincar a partir de sua dupla dimensão: por meio das experiências sensório-motoras vividas com os objetos reais e concretos do ambiente, que teriam a função de matéria-prima do que denominamos simbolismo primário – material necessário para o acesso à intersubjetividade – e, ao mesmo tempo, pelo brincar que as crianças projetariam elementos e conteúdos de seu mundo subjetivo. Diríamos, assim, que é *pelo* brincar que a criança se construiria subjetivamente e é *no* próprio brincar que ela organiza os impasses e conflitos vividos na dinâmica do equilibro do *prazer/desprazer*.

Ao tomarmos como ponto de partida a compreensão do brincar do bebê como constitutivo do seu processo de subjetivação, estamos aqui nos apoiando na perspectiva teórica da psicanálise, segundo a qual o bebê se constituiria graças ao encontro com o outro. Assim, é necessário que o bebê vivencie a experiência de um prazer compartilhado com o objeto materno (aquele que esteja exercendo a função materna) para vivenciar a experiência de um brincar a dois. Esse pressuposto central nos remete à problemática da relação *sujeito-objeto* segundo a concepção do *interpsíquico* e da intersubjetividade, temática abordada ao longo do livro.

Esta nova perspectiva evoca o lugar do bebê como um *protossujeito* que desempenharia um papel ativo no acesso à intersubjetividade. Estudos recentes no campo do desenvolvimento do bebê têm sinalizado o quanto o *pequeno infans* é dotado de competências precoces, manifestadas já nos primeiros tempos de vida. Dessa maneira, assistimos a um deslocamento do lugar do bebê centrado apenas na atividade de se alimentar, exercendo um papel de mero receptor do ambiente, para a noção de um bebê que não apenas imita, mas, sobretudo, *provoca* o outro no engajamento de trocas interativas (Nagy & Molnar, 1994/2003), como também desenvolveu C. Trevarthen (1979, 2003a) ao introduzir o conceito de intersubjetividade primária, sobre o qual trataremos no Capítulo 4 deste livro.

Mas como situar o lugar desse bebê ativo e competente sob a perspectiva da psicanálise? Quais os pontos de articulação com a própria psicologia do desenvolvimento ou com outros campos do saber, como os das neurociências? Na teoria psicanalítica, muito se discute sobre o brincar como um campo de investigação da realidade psíquica da criança, pois sabemos que o brincar, tal como as associações livres e os sonhos dos adultos, é *a priori* material a ser observado e trabalhado. Winnicott (1971/1975a) já nos chamava atenção para isso ao afirmar que o brincar seria um importante indicador de sofrimento psíquico da criança, alertando que a criança que não está bem não estaria apta a brincar, cabendo, assim, ao terapeuta a função de levá-la a jogar, o que vai ao encontro de todo o discurso sobre a importância do brincar livre e espontâneo no desenvolvimento psíquico e global da criança, preconizado por profissionais da saúde e educação da infância.

E como pensar sobre este brincar que antecederia o brincar simbólico, o qual denominaremos *brincar precoce*? E, ainda, quando a criança não manifesta sinais deste brincar precoce, qual o impacto disso no processo de sua construção psíquica? Seria isso um indicador de possíveis percalços no desenvolvimento psíquico do bebê?

Para abarcarmos essas perguntas, propomos nos apoiar no pressuposto teórico trabalhado por autores contemporâneos como René Roussillon e Bernard Golse, segundo o qual a construção da relação objetal da criança se daria pela própria transição entre o jogo *autossubjetivo* e o jogo *interativo* do bebê, ambos situados no campo que nomeamos como *brincar precoce* ou *primário* do bebê, para o *brincar intrassubjetivo*, que corresponderia ao *brincar simbólico* da criança. Para melhor desenvolver essa ideia, situamos aqui a relação *pulsão-objeto* (*sujeito-objeto*) segundo uma lógica na qual predomina a ideia do *interpsíquico* sobre o *intrapsíquico*, o que implicaria afirmar que o processo de subjetivação da criança não estaria associado ao desenvolvimento de estados organizados segundo a lógica da existência de *estruturas bem definidas e descritíveis*, mas ao próprio processo de diferenciação gradativa, regido pelas trocas interativas mãe-bebê.

Nesse sentido, revisitamos, no decorrer deste livro, alguns conceitos da construção da relação de objeto propostos por autores importantes da corrente psicanalítica, como Klein, Bion, Winnicott, passando por alguns psicanalistas contemporâneos como J. Laplanche, A. Green e R. Roussillon, para, finalmente, pensarmos de que maneira o conceito da intersubjetividade é situado no campo teórico da psicanálise e quais seus desdobramentos no processo de construção do brincar simbólico da criança.

Para fazermos esse percurso, consideramos importante revisitar a posição da metapsicologia freudiana clássica, apoiada na ideia do "intrapsíquico", desenvolvida por Freud (1905/1987) em seu texto *Três ensaios sobre a teoria da sexualidade*. Para ele, a fonte da pulsão sexual teria sua origem no próprio organismo da criança, origem que dá a essa pulsão o atributo de ser *autoerótica*, *endógena* e do tipo *não objetal*. Partindo dessa perspectiva, Freud sustenta a hipótese de que a sexualidade seria vivida de forma espontânea, fato que nos leva a pensar que a construção de uma cena de sedução não seria determinante para o despertar da sexualidade da criança.

Observamos, assim, que Freud, ao introduzir o conceito de pulsão, parece abandonar a ideia do *objeto materno* ou do "outro socorredor" como objeto externo que vem trazer ao sujeito sua primeira experiência de satisfação, bem como sua experiência de desprazer (Freud, 1895/2002). Parece que Freud considera, aqui, o outro apenas como *facilitador* do processo de diferenciação da *pulsão sexual* emergente da *pulsão de autoconservação*, o que implicaria considerar que a satisfação pulsional se encontraria no "seu próprio corpo e epiderme".

Entretanto, constatamos que na obra de Freud há certas passagens contraditórias a essa ideia da sexualidade endógena, na medida em que ele também preconiza a presença do objeto externo como condição essencial na construção da vida psíquica do bebê. No entanto, vale frisar que, embora Freud defenda essa posição, podemos verificar que ele nunca mais retomará ao longo de sua obra, pelo menos de forma explícita, a ideia de "compreensão mútua", que evoca as "trocas inter-relacionais" do bebê com o outro, como fez em seu texto de 1895.

A ideia da teoria da relação de objetos introduzida por M. Klein (1952/2005a), abordada no Capítulo 3 deste livro, oferece novas perspectivas para compreender a formação do eu, ao preconizar que os bebês já nasceriam aptos a estabelecer uma relação com os objetos do mundo exterior. Assim, a noção do objeto de Klein se distanciaria da noção de objeto proposta por Freud, associada à ideia de uma finalidade instintual (o seio como primeiro objeto), à medida que, para Klein, a relação do bebê com o objeto se situaria já desde muito cedo no registro das emoções, dos fantasmas, das angústias e mesmo das defesas primitivas, sugerindo uma indiferenciação entre o estado autoerótico e o narcisismo do bebê.

Evocaremos também, ao longo deste livro, a noção de objeto desenvolvida por outros autores pós-kleinianos, como Winnicott (1951/1968) e Bion (1962/2003). Ambos os autores nos oferecem novos conceitos que enfatizam o princípio da relação objetal como um sistema evolutivo, resultante das transações entre o sujeito e o objeto. Isto é, seria graças às trocas interativas mãe-bebê que os aspectos emocionais e afetivos da criança se estabelecem, o que implica considerar que possíveis falhas no processo de subjetivação do bebê ocorram em virtude dos desencontros e desajustes vividos pela dupla mãe-bebê.

Partindo dessa perspectiva teórica, na qual a realidade psíquica do bebê se constitui graças ao encontro com o outro, propomos abordar a relação entre pulsão e objeto apoiando-nos em psicanalistas contemporâneos como J. Laplanche (1984), uma vez que esse autor nos abre novas perspectivas para pensar o papel da mãe na construção da relação objetal da criança. Laplanche redimensiona a teoria de apoio de Freud ao introduzir a teoria da *sedução generalizada*, segundo a qual a sexualidade da criança não se revelaria sem a presença de um objeto externo representado pela figura materna. Isso implicaria considerar que a fonte da pulsão não é um lugar do corpo, onde se revelariam as pulsões sexuais apoiadas nas pulsões de autoconservação, e tampouco as pulsões sexuais são meras traduções psíquicas que afloram segundo a evolução de fantasmas e pulsões endógenas.

Entretanto, dizemos que essa posição defendida por Laplanche sugere um olhar restrito quanto à importância do papel do bebê no processo de acesso ao seu mundo subjetivo e simbólico, visto que o autor tende a privilegiar mais ativamente o papel da mãe, à medida que preconiza que os elementos constitutivos da vida psíquica do bebê se constituiriam graças às mensagens sexuais inconscientes enviadas pela mãe. Se partirmos dessa ideia, como pensar, por exemplo, a indiferença de certos bebês aos investimentos maternos? Sabe-se que a recusa desses bebês em responder às convocações de suas mães suscita nelas um estado de sideração (Cullere-Crespin, 2004), responsável por *despotencializá-las* nas competências de sua função de objeto primordial, contribuindo, assim, para que a dinâmica mãe-bebê seja marcada por sucessivos desencontros. Essa posição nos leva a pensar que o bebê, por si mesmo, tem também um papel ativo na própria formação de seus sintomas, ideia que abordaremos no decurso desta explanação.

Partindo dessa perspectiva teórico-clínica, na qual o bebê exerce um papel de coprotagonista na formação de seus próprios sintomas, procuramos nos apoiar na leitura do conceito de objeto defendida por autores contemporâneos como A. Green (1984/1995) e R. Roussillon (1999). Ambos os autores oferecem um novo olhar para refletir o papel do objeto não apenas como "fonte" da pulsão, segundo o referencial da metapsicologia clássica, mas, principalmente, como um "revelador" da pulsão. Essa nova posição teórica nos convida a pensar que a realidade psíquica do bebê não se limitaria somente aos fantasmas enigmáticos enviados pela "mãe sedutora" de Laplanche, visto que os bebês seriam portadores de protomensagens próprias, oriundas de suas experiências sensório-motoras, cujos conteúdos rudimentares seriam "desvelados" e "traduzidos" no próprio encontro com o objeto materno.

Nesse contexto, consideramos aqui o objeto na sua "dupla polaridade" – isto é, no seu duplo pertencimento, tanto ao mundo interno quanto ao mundo externo –, bem como sua própria natureza *sensual perceptiva*, como enfatiza S. Botella (2007). Seguindo essa perspectiva, pensamos aqui que a relação entre pulsão e objeto deixa de ser configurada segundo uma lógica de "causalidade" para ser tomada pelo viés da "relação com o objeto" (*rapport à l'objet*).

Essa posição nos convida a revisitar a teoria winnicottiana, conceitualizada mais pela perspectiva da "relação *com* o objeto" que da "relação *de* objeto".[1] Isso implica considerar que o objeto teria uma função "objetalizante", como diria Green, ou ainda uma função "simbolizante", como preconiza Roussillon. O processo de "ilusão" e de "destrutividade", no que concerne ao processo de representabilidade simbólica, não aconteceria sem a premissa da presença do objeto, ou seja, seria graças à presença do objeto externo que a criança busca recursos para gerenciar o paradoxo entre o "encontrar" e o "criar" o objeto.

Para desenvolver essa ideia, retomamos, no Capítulo 2 deste livro, um conceito importante de Winnicott: o processo de transição do modo de relação "com o objeto" (*object-relating*) para o momento

---

1 Vale frisar que, aqui, estamos enfatizando a própria concepção de Winnicott, apresentada em 1969, do conceito de *object-relating* como um primeiro momento da relação sujeito-objeto. Na tradução francesa, usa-se o termo *relation à l'objet* e não *relation de l'objet*, exatamente para diferenciar a posição winnicottiana da teoria das relações de objeto da corrente kleiniana. Observa-se que, na tradução brasileira, optou-se pelo termo *relação de objeto*, o que, ao nosso olhar, parece não abarcar completamente a ideia proposta por Winnicott.

em que a criança faria "uso do objeto" (*object usage*). Sabe-se que esse conceito foi introduzido por Winnicott em 1969, poucos anos antes de sua morte, sendo, portanto, pouco desenvolvido por ele e por outros autores contemporâneos. A noção do *uso do objeto* desenvolvida por Winnicott abre novas perspectivas para se pensar a relação objetal da criança, privilegiando o papel do objeto como revelador de traços da organização psíquica do bebê. Isso significaria que, para Winnicott, a qualidade da maneira como o sujeito passa a fazer "uso do objeto" estaria intrinsecamente associada à maneira como o bebê vivenciou suas primeiras relações objetais. Desse modo, preconiza-se que a criança deverá, primeiramente, adquirir uma capacidade em estabelecer uma relação (*object-relating*) com o objeto primordial (objeto materno) para, em seguida, tornar-se apta a utilizar os objetos do ambiente (*object usage*) de forma criativa e simbólica. Essa passagem transitória coincide com o momento no qual a mãe perde, gradativamente, seu lugar de objeto primordial para ceder lugar ao objeto transicional, o que implicaria considerar que o processo maturacional afetivo da criança está associado à sua capacidade *de fazer uso dos objetos* do ambiente.

Nesse sentido, inferimos que possíveis percalços vivenciados pelo bebê no processo de construção de suas relações objetais e, portanto, na sua capacidade de se engajar na produção do brincar simbólico poderiam estar associados a uma provável falha na transição desses dois momentos do desenvolvimento psicoafetivo do pequeno *infans*. Isso explicaria o porquê de as crianças autistas apresentarem falhas na construção desse brincar simbólico, ao permanecerem "coladas" ao objeto externo, mostrando-se inaptas a "utilizar os objetos" de maneira *espontânea* e *criativa*, no senso winnicottiano.

Esse novo conceito de "utilização de objeto", proposto por Winnicott (1968), deriva de suas próprias observações clínicas dos bebês, durante sua consulta pediátrica, que, sentados no colo de suas mães, eram convidados pelo próprio Winnicott a brincar e interagir com uma pequena espátula reluzente – técnica que, mais tarde, ele denominou "jogo da espátula" (1941/1968). A partir dessas observações, Winnicott pôde concluir que a maneira como o bebê entra em contato com os objetos (no caso, a espátula) revelaria seu grau de "apetência" em relação ao mundo externo.

Ele ainda teoriza que a intensidade do investimento libidinal da criança em direção ao objeto espátula, o que se refletiria na qualidade de sua exploração, estaria associada às próprias vivências de trocas prazerosas com a *mãe suficientemente boa*. O que permitiria não somente ao objeto espátula, por si só, revelar traços das primeiras experiências de objeto da criança, mas também ao bebê elaborar seus próprios traços mnésicos, como veremos no Capítulo 6 a partir da hipótese teórica defendida por E. Jones (1916/1969), segundo a qual o processo de simbolização da criança seria fundado pelas experiências sensoriais e concretas com os objetos reais. Nesse mesmo viés, tem-se a posição de alguns psicanalistas contemporâneos, entre eles D. Anzieu (1987), que propõe o conceito de significante formal, e Roussillon (1999), ao tomar o conceito de objeto médio-maleável.

Esses autores partem da ideia de que o bebê transfere, gradualmente, suas experiências precoces vividas com o objeto materno aos objetos do ambiente, de maneira que esses objetos inanimados passam a ganhar a função de *representantes da representação*, como propõe Roussillon (2008a), ao afirmar que o processo de simbolização do objeto se dá por duas vias: *primária e secundária*, ou seja, primeiramente via o registro perceptivo (*simbolização perceptiva*) para, em seguida, serem simbolizadas sob a forma de representação-coisa (*simbolização representativa*). Esse autor, ao considerar as experiências sensoriais do bebê com os objetos, ressalta que o brincar do bebê se descreve em três categorias, que são desenvolvidas ao longo deste trabalho: o *brincar autossubjetivo*, o *brincar interativo* e o *brincar intrassubjetivo*.

Para melhor desenvolver o que denominamos brincar precoce, propomos ainda, na primeira parte do livro, aprofundar o conceito winnicottiano de *playground* – descrito por Winnicott (1942/1972) como um espaço que antecederia a instalação do "espaço transicional" – o que permitiria à criança circular pelo espaço do simbólico e vir a brincar simbolicamente (*playing*).

Também sugerimos abordar, ao longo deste trabalho, o brincar do bebê pelo viés da psicologia do desenvolvimento, ao apresentarmos, no Capítulo 4, as diferentes leituras teóricas sobre a noção de intersubjetividade, dentre elas a defendida por D. Stern (1989/2006). Esse conceito, muito em voga atualmente no campo da clínica da infância, oferece novas perspectivas para se compreender os primórdios do psiquismo, dando ênfase às competências precoces do bebê e sugerindo, assim, a sua capacidade de brincar. Por exemplo, sublinha que, na idade de 6 meses, os bebês, quase naturalmente, passam a se interessar pelos objetos investidos e apresentados pelo adulto familiar, sendo que esse seu interesse funcionaria como precursor da instalação de sua "atenção compartilhada", cujo papel é fundamental para que a criança possa vir a se engajar na produção do brincar e do faz de conta.

Esse olhar transdisciplinar para o bebê nos convida a pensar na construção de diálogos com o campo da neurociência, discussão proposta no Capítulo 5 deste livro. A articulação com novas áreas de pesquisa nos leva a refletir sobre a importância de aproximar o trabalho de pesquisa com o trabalho clínico, na medida em que pensamos que o bebê observado, segundo o método da pesquisa empírica, não é diferente do bebê da clínica. Contrariamente ao que se pensa, eles se complementam, permitindo avanços importantes nas pesquisas sobre intervenção precoce.

Tomando como premissa a articulação entre pesquisa e clínica, inauguramos a segunda parte deste livro propondo investigar o estudo da construção do brincar simbólico da criança enquanto elemento próprio de sua organizaçao objetal, o que, por sua vez, sinalizaria possíveis percalços em seu processo subjetivo. Dedicamo-nos a realizar um estudo longitudinal de bebês com idades entre 3 e 36 meses, observados dentro do contexto de uma pesquisa maior, chamada Programa Internacional sobre a Linguagem da Criança (PILE), dirigida pelo psiquiatra infantil e psicanalista Bernard Golse. Essa pesquisa, desenvolvida dentro de um laboratório ligado ao Departamento de Psiquiatria do hospital Necker-Enfants Malades, de Paris, tinha como principal objetivo estudar o acesso à linguagem de bebês com risco psíquico, dentre eles bebês portadores da síndrome de West, cuja incidência associada ao quadro de autismo é elevada. Dedicamo-nos a investigar esse grupo específico de bebês, uma vez que nossa pesquisa privilegiava detectar sinais de risco de autismo, o que sugere uma falha na relação objetal da criança.

No Capítulo 8 deste livro, apresentamos a pesquisa PILE, no âmbito da qual esta pesquisa pôde ser desenvolvida, bem como os testes e protocolos a que recorremos a fim de investigar a produção do brincar do bebê, cujos resultados estão apresentados no Capítulo 9. Estes nos levaram a concluir que o brincar do bebê teria uma função importante para sinalizar possíveis entraves no processo da construção da subjetividade da criança e que, desde uma idade muito precoce, os bebês com risco de autismo se engajam, exploram e compartilham com o adulto de referência os objetos do ambiente de maneira diferenciada dos bebês que apresentam atraso psicomotor ou mesmo daqueles que se apresentam dentro do desenvolvimento esperado, como apresentado no capítulo final deste livro.

Por fim, convidamos o leitor a deleitar-se nesse convite de um brincar representado e configurado aqui pelo caminho das descobertas, do apetite de novos saberes, condição fundamental para mantermos sempre vivo nosso potencial criativo!

Parte I

1. Freud e as origens da vida psíquica

Quando tratamos da questão da origem da vida psíquica e do processo de construção do mundo subjetivo, parece-nos importante abordar antes o percurso feito por Freud para então, finalmente, chegarmos ao que atualmente entendemos por "funcionamento psíquico". Nesse sentido, é fundamental evocar o importantíssimo texto freudiano "Projeto para uma psicologia científica" (1895/2002), material inacabado e nunca publicado por ele que foi encontrado por acaso nos arquivos de Fliess, muitos anos após sua morte.

Nesse artigo, notamos que Freud evoca o acontecimento da vida psíquica a despeito de qualquer distinção sujeito-objeto, ativo-passivo, inconsciente-consciente. Estamos diante de um jovem pesquisador com formação em biologia, muito apegado à ciência de seu tempo e com a ambição de fundar uma nova psicologia, baseada em métodos científicos, próxima das ciências da natureza.

Nessa perspectiva, Freud não hesitará em postular novas hipóteses que vão além de formulações baseadas em modelos empíricos. E, assim, ele formulará novos conceitos, segundo os quais o funcionamento do aparelho psíquico seria comparável ao do sistema nervoso, construído segundo as noções de quantidade e os conceitos de princípio de inércia, de barreiras de contato e de descarga de energia. Essas hipóteses o levarão a concluir que os processos psíquicos seriam, na realidade, formados por uma variação de tensão e de descarga de certas quantidades de neurônios ou, dito de outro modo, que os processos psíquicos seriam "estados" quantitativamente determinados por partículas materiais ou pela presença de neurônios cerebrais.

Influenciado por suas recentes descobertas no campo da histologia, Freud desenvolverá a ideia de que existem dois tipos de neurônios: os *neurônios permeáveis*, que servem à percepção e sofrem constantes alterações provocadas por excitações externas, provenientes do mundo externo; e os *neurônios impermeáveis*, que resistem e retêm uma capacidade maior de energia, na medida em que captam apenas as excitações endógenas, o que faz com que sejam constituídos apenas por "células de lembrança". É por essa via que ele elabora seu conceito de *facilitação*, subentendido como o processo de passagem de quantidade de excitação entre esses dois tipos de neurônios, de onde será construída a representação da memória. Freud (1895) afirma ainda que seria necessário que os acontecimentos sejam investidos, para serem reativados, e constituírem memória do sujeito.

É interessante assinalar aqui o paradoxo dessa formulação teórica, uma vez que ele parte da hipótese principal de que o funcionamento do aparelho psíquico se constituiria pela excitação derivada da passagem de um neurônio para outro, o que deixa supor que a formação da vida psíquica ocorreria por meio de elementos "intrapsíquicos". Ao mesmo tempo, ele afirma que os neurônios devem ser "investidos" para serem "reativados". Assim, podemos nos perguntar se, nesse momento da formulação de sua teoria, ele não estaria em condições de levar em conta a importância da existência de um objeto externo que agiria para investir e reativar esses neurônios.

Partindo da noção de excitação de energia entre os neurônios, nessa época, Freud considera ter finalmente encontrado a chave do funcionamento psíquico baseado na noção de "constância da soma da excitação". Para ele, a diferença entre o normal e o patológico teria suas raízes na intensidade e na quantidade de excitações, e não mais na qualidade dos neurônios associados à essência da natureza hereditária e filogenética do ser humano. É a razão pela qual ele associa o tratamento ao método catártico, que implica a necessidade de mobilidade da representação, do *quantum* de afeto (*Affektbetrag*), para encontrar sua experiência de satisfação e de descarga.

Dessa maneira, notamos que, para Freud, a vivência de satisfação é vivida pela experiência de descarga realizada por meio da motricidade. Todavia, ele destaca a dificuldade desses neurônios em encontrar uma descarga completa, na medida em que sempre haverá tensões internas provocadas por excitações endógenas. Nesse contexto, não hesita em postular que a descarga completa das tensões responsáveis por provocar sensações de prazer seria acionada graças à intervenção de um objeto externo.

> *Esse tipo de intervenção exige que se produza uma espécie de modificação no mundo externo (como, por exemplo, fornecimento de alimento, proximidade do objeto sexual), uma modificação que, enquanto ação específica, só pode ser executada através de determinadas maneiras. O organismo humano, em seus estados precoces, é incapaz de provocar essa ação específica, que só pode se realizar com uma ajuda externa e no momento em que a atenção de uma pessoa experiente se volte para o estado da criança. (p. 336)*

Nessa passagem, Freud é categórico ao afirmar que o objeto externo, responsável por proporcionar as primeiras sensações de prazer no indivíduo, seria representado pela figura materna,[1] a quem ele se refere inicialmente como "a pessoa experiente" (*Nebenmensch*) para, em seguida, considerá-la como "a outra semelhante": "Suponhamos que o objeto percebido seja semelhante (para o sujeito que observa) a um ser humano. O interesse teórico que ele suscita se explica ainda pelo fato de que é um objeto da mesma ordem daquele que trouxe para o sujeito sua primeira satisfação (e também seu primeiro desprazer), que foi para ele a primeira potência" (p. 349).

Nesse extrato do "Projeto...", constatamos uma posição bem diferente daquela que ele defenderá em seus trabalhos ulteriores, na medida em que, bem no início de suas primeiras formulações teóricas, ele não parece subestimar o papel das induções e das *respostas do outro na passagem do princípio de prazer para o princípio de realidade.*[2] Podemos considerar que, aqui, Freud parece atribuir uma importância particular ao papel das relações objetais e às trocas inter-relacionais do bebê com o outro, quando faz referência à existência da "compreensão mútua" como condição fundamental para as experiências de prazer e, em seguida, da construção psíquica.

Freud parece ir mais longe quando sugere que a experiência da "vivência de si mesmo é adquirida pelo outro". Para nós, quando Freud faz referência ao "complexo do próximo", parece levar em consideração que a experiência de apropriação do corpo do bebê se constituiria graças aos atos expressivos de outrem, ou seja, graças à relação de identificação do bebê com o outro; "o despertar do conhecimento é, portanto, devido à percepção de outrem" (p. 348).

---

1 Cabe notar aqui a resistência de Freud em fazer referência ao nome da mãe. Como sabemos, raramente ele utiliza a palavra "mãe" ao longo da obra: ele privilegia sempre a figura do pai no desenvolvimento do seu pensamento e de suas formulações teóricas.

2 Essas formulações estão baseadas em notas pessoais tomadas no Seminário *La détresse originaire et les recours aux opérations de pensée: Lecture d'Esquisse...*, dirigido por Monique Schneider, ENS/Paris (2006-2008).

Assim, afirma que as primeiras percepções visuais e sensoriais do sujeito se constituem na medida em que ele pode contar com o outro para despertar suas primeiras experiências,[3] vividas como "atividades mnemônicas". Por exemplo, quando o objeto grita, o sujeito se lembraria de seus próprios gritos e reviveria, assim, suas próprias experiências de desamparo, da mesma maneira que os bebês teriam conhecimento de suas mãos ao movê-las, em um movimento que os lembraria dos movimentos já vistos e percebidos pelo mexer das mãos do outro.

Freud postula, assim, que seria graças ao objeto que o "eu" encontraria sua satisfação e, no caso de o objeto não se encontrar mais presente, o sujeito procurará investir na "lembrança do objeto". No entanto, essas lembranças não poderão ser rememoradas integralmente, porque existiria no objeto uma quantidade de afeto defensivo, que impediria que uma reação desagradável viesse a se repetir, ao acionar o mecanismo do recalcamento. Assim, para Freud, toda experiência psíquica será baseada na experiência do recalcamento originário, que ele definirá como o efeito de um "fator quantitativo", ou seja, como afluxo excessivo da excitação e da para-excitação.

Essas formulações levarão Freud a se interrogar sobre as razões pelas quais os conteúdos de ordem sexual seriam sempre submetidos ao recalcamento. Assim, partindo da hipótese de que o mecanismo psíquico se estabelece por um processo de estratificação, os materiais presentes sob a forma de traços mnêmicos se encontram de tempos em tempos remanejados de acordo com as novas circunstâncias.

Além disso, a rememoração dessa matéria seria vivida como algo da ordem do traumático, que não estaria forçosamente ligado

3 Podemos assinalar que essas reflexões de Freud não serão mais utilizadas da mesma maneira em obras posteriores. Podemos, prioritariamente, identificá-las à teoria de Laplanche – a sedução como objeto-fonte da pulsão (mencionada no Capítulo 3 deste livro).

à cena vivida como real, mas segundo "as lembranças relacionadas à cena do ataque". Para Freud, essa ideia explicaria a psicogênese da histeria, que seria provocada por uma descarga sexual precoce. Ele diz: "as histéricas são pessoas com a sexualidade muito precocemente despertada, em virtude de estímulos mecânicos e emocionais (masturbação). Um início precoce de descarga sexual ou uma descarga precocemente muito intensa teve evidentemente um papel equivalente. Esse fator é de ordem quantitativa" (p. 367).

Por essa perspectiva, ele proporá o conceito de que as histéricas sofrem de reminiscências. Sua experiência no caso Katharina, publicado em 1896 na obra "Estudos sobre a histeria", o levou a supor que a doença de sua paciente teria sido desencadeada após uma cena de sedução de seu pai. Isso lhe permite postular que o consciente terá sempre tendência a conservar o traço de uma lembrança ligada à cena na qual a criança foi submetida à sedução de um adulto, associado à figura do pai. "A maior parte dos meus pacientes reproduzia cenas de sua infância, cenas cuja substância era sempre dedicada ao pai"; "acreditei ter descoberto, nessas seduções precoces da criança, as fontes da neurose ulterior" (Freud & Breuer, 1896/2002 p.106).

É somente em 1897, em uma carta a Fliess, que Freud afirma: "não acredito mais em minha neurótica" (1897/2002 p. 190). Cabe assinalar que ele pôde rever seu erro graças ao seu trabalho de autoanálise, no qual Fliess, enquanto seu interlocutor, desempenhou papel fundamental. Isso o levou a privilegiar, em seu estudo, as experiências de sonhos diurnos e fantasias infantis, manifestadas nos pensamentos, nos sonhos e no comportamento das neuroses adultas no tratamento analítico.

As análises dessas experiências levarão Freud a abandonar definitivamente a ideia do papel traumatizante da "sedução", na medida em que ele percebe que será difícil distinguir o que seria da ordem da realidade daquilo que seria da ordem da ficção, posto que as fantasias sexuais são sempre em torno das figuras parentais.

Sem dúvida, essa descoberta lhe serviu de base para a construção de suas hipóteses sobre a natureza da organização sexual infantil, sendo essa última o conceito-chave da teoria psicanalítica, na medida em que lhe permitiria abordar a origem da vida psíquica não mais pelo modelo do traumatismo ligado à descarga de excitação, mas pela via da pulsão, conceito fundamental que abordaremos mais à frente, ao analisar as hipóteses da construção da relação objetal na criança e seu desdobramento na construção do brincar simbólico da criança, tema central deste trabalho.

A sexualidade infantil e o nascimento do conceito de pulsão

Três ensaios sobre a teoria da sexualidade, publicado por Freud em 1905, juntamente com *A interpretação dos sonhos*, de 1900, será sem dúvida a contribuição mais original de Freud sobre o conhecimento humano.

É nesse texto que Freud (1905/1987) introduz, pela primeira vez, o termo "pulsão sexual" (*Trieb*),[4] baseado na ideia da existência de necessidades sexuais no homem e no animal. Essas pulsões sexuais foram chamadas de libido e, contrariamente ao que se acreditava na época, não estariam ausentes na criança, mas se manifestariam de outra maneira.

Freud postula, por exemplo, que a manifestação do sentimento de nojo pelo pequeno infante estaria associada a uma expressão da

4 Como é sabido, Freud privilegiou a palavra *Trieb*, que, na sua origem germânica, remete à ideia de *impulso*, vindo do verbo *treiben*, contrariamente à palavra instinto, cuja etiologia remete ao latim *instigare*: excitar.

sexualidade infantil. Acrescenta ainda que o nojo, como o pudor e a moral constatados na característica histérica, seria a prova da existência da pulsão sexual submetida a um recalcamento ultrapassando a medida normal. Por essa perspectiva, ele extraía a teoria segundo a qual a pulsão sexual provém de um processo de estímulo (*Reiz*) de um órgão (sensação de desprazer) e sua principal finalidade é suprimir esse estímulo para obter o prazer e a satisfação sexual. Assim, a sexualidade seria considerada por Freud como "organicamente determinada e hereditariamente fixada".

Outro exemplo da sexualidade infantil descrita por Freud é aquela associada à atividade da criança em sugar o seio materno. A imagem do sorriso feliz do bebê, expresso após ter sugado o seio de sua mãe, seria comparável à imagem da expressão de satisfação sexual do adulto. Como assinala Freud: "Quando vemos o bebê satisfeito largar o seio, deixando-se cair para trás, e adormecer, com as bochechas vermelhas e um sorriso satisfeito, não podemos deixar de dizer que essa imagem permanece como o protótipo da expressão de satisfação sexual na existência ulterior" (p. 105).

Por meio do exemplo da sucção do seio materno, Freud desenvolverá a teoria segundo a qual "a atividade sexual se apoia antes de tudo em uma das funções que servem à conservação da vida, só se liberando mais tarde" (p. 105). Dessa maneira, o bebê inicialmente suga o seio da sua mãe para satisfazer sua necessidade alimentar. Subsequentemente, o ritmo do movimento de sucção do bebê, em sintonia com o fluxo do leite quente, dá progressivamente à boca do bebê um estatuto erógeno. Isso levaria Freud a concluir que a sexualidade infantil seria "anobjetal e autoerótica", na medida em que a criança "se serviria de sua própria epiderme, e não de um objeto externo, para a obtenção de satisfação do prazer" (p. 105).

Cabe assinalar aqui que Freud parece abandonar a ideia do "outro semelhante", evocada no texto do "Projeto..." de 1895, como fonte das primeiras experiências de desprazer e da satisfação sexual da criança para, a partir daí, considerar o próprio organismo da criança. Na realidade, Freud vai afirmar que o próprio movimento repetido de uma zona erótica (a boca) provocaria tensões internas, encontrando sua satisfação por meio de descargas pulsionais regidas pelo princípio do "prazer-desprazer". Se tomarmos essa perspectiva de Freud, como poderíamos categorizar a excitação proveniente do fluxo de leite quente do seio materno que Freud menciona? Se ele considera que a boca adquire um estatuto sexual graças ao encontro entre o ritmo do ato de sucção com a própria produção do leite no seio materno, como pensar que a pulsão sexual provém do próprio corpo da criança?

Parece também que esse discurso ambivalente de Freud dominará suas hipóteses teóricas, como percebemos em sua própria definição de pulsão: "Por pulsão podemos, em princípio, entender apenas o representante psíquico de uma fonte endossomática de estimulação que flui de maneira contínua, para diferenciá-la do 'estímulo' [*Reiz*], que é produzido por excitações esporádicas e externas [*Erregung*]. Pulsão é, portanto, um dos conceitos de demarcação entre o psíquico e o somático" (p. 83).

Notamos aqui que Freud nos fala da pulsão como a representante psíquica "de uma fonte endossomática de estimulação", a qual, por sua vez, "seria produzida por excitações esporádicas e externas". Nesse sentido, podemos então inferir que seria graças à presença de um objeto externo (como o seio materno) que a pulsão poderia finalmente encontrar sua satisfação.

Essa posição ambivalente de Freud também pode ser constatada na passagem consagrada à sexualidade na adolescência. No trecho "A metamorfose da puberdade", Freud se refere ao período da puberdade como o da "redescoberta do objeto", ao teorizar que a primeira satisfação sexual provém do seio materno, o que é evocado de maneira implícita pelo emprego de palavras como "restabelecer" e "redescoberta", apesar de, paradoxalmente, categorizar a experiência de satisfação como autoerótica.

> *Em regra geral, a pulsão sexual torna-se autoerótica, e é somente depois de superado o período de latência que a relação originária se restabelece. Não é sem boas razões que a figura da criança que suga o seio de sua mãe torna-se o protótipo de toda relação amorosa. A descoberta do objeto é a bem da verdade uma redescoberta. (p. 165)*

Como explicar esse impasse em considerar, simultaneamente, que a criança reconhece o seio como um objeto sexual situado fora de seu corpo e que a sexualidade infantil seria categorizada como "anobjetal" e "endógena"?

Essa posição teórica de Freud influenciará, sem dúvida, a maneira como ele organizará a sexualidade infantil baseada em três fases. A primeira é a dita "fase oral", cuja organização é pré-genital e cuja atividade sexual seria ligada à ingestão de alimentos. Nessa fase do desenvolvimento psíquico, a finalidade sexual residiria na *incorporação do objeto*, protótipo daquilo que ocorrerá mais tarde enquanto processo de identificação, cujo papel é fundamental no processo psíquico do sujeito. Freud preconiza que a criança suga o seio e, em seguida, o abandona, vindo finalmente a encontrar sua satisfação sexual no objeto pertencente ao seu próprio corpo quando, por exemplo, passa a sugar seu polegar no caso da ausência do seio. Constatamos aqui a insistência de Freud em categorizar a sexualidade infantil como "anobjetal", na medida em que sustenta a ideia de que a satisfação da necessidade estaria ligada ao seio, e a satisfação do prazer sexual estaria ligada à atividade de sugar seu próprio dedo.

No entanto, contrariamente a essa posição de Freud, não podemos presumir que o próprio ato de sugar o dedo seria a vivência de revisitar o prazer compartilhado, inicialmente vivido entre o bebê e sua mãe (representada aqui pela figura do seio)? Como pensar que a satisfação sexual inicial não teria ocorrido graças a esse encontro inicial entre o bebê e sua mãe? Isso vai ao encontro do que afirmam certos psicanalistas contemporâneos, que enfatizam a não diferenciação entre narcisismo primário e secundário (ponto a que retornaremos nos próximos capítulos)

A segunda é a "fase pré-genital", chamada por ele de fase "sádico-anal", e está associada ao período de florescimento da atividade sexual. Freud postula que a zona anal e a zona labial seriam próprias para mediar um apoio da sexualidade em outras funções corporais. Por exemplo, a retenção das fezes é vivida pela criança como uma experiência provocadora de prazer sexual, posto que a mucosa retal, sob fortes estimulações de contração, sofre uma descarga de tensões pulsionais no momento em que a criança evacua. É isso que leva Freud a formular a hipótese de que toda dor contém em si a "possibilidade de uma sensação de prazer".

A terceira, designada como "fase genital", implica o contato do menino ou da menina com a micção (glande, clitóris) e atividades da zona erógena, desvelando partes do corpo que são o ponto de partida da vida sexual "normal" ulterior. Para ele, essa terceira fase, qualificada de "fálica", já apresentaria um "objeto sexual", finalidade que as convergências de aspirações sexuais procurariam atingir.

Freud não atribui importância à "escolha de objeto" feita na fase pré-genital, como evocamos anteriormente. O recalcamento, que ocorre no momento da latência, provoca efeitos tão marcantes que essa primeira escolha de objeto infantil é considerada "inutilizável". Assim, ele afirma: "Parece que representamos a ligação entre a pulsão sexual e o objeto sexual de uma forma muito estreita. Somos assim advertidos a afrouxar, em nossos pensamentos, os laços entre pulsão e objeto" (p. 55).

Portanto, Freud considera claramente a "pulsão sexual como independente de seu objeto". Isso é ainda mais verdadeiro quando afirma que, sob o efeito da sedução provocada pela presença de um objeto externo, a criança poderia tornar-se "perversa e polimorfa". Temos aqui o fundamento da teoria da psicanálise apoiada na ideia do "intrapsíquico".

Entretanto, nesse mesmo texto, em outra passagem, aparece a ideia de que haveria ainda uma espécie de relação estreita entre a pulsão e o objeto materno, quando Freud evoca, por exemplo, que certas perturbações neuróticas poderiam encontrar suas raízes no comportamento de algumas mães para estabelecer uma relação com seu filho marcada por uma ternura exagerada, tendendo a ocupar a posição do objeto sexual. Notamos aqui a indicação de que as perturbações neuróticas não encontram suas raízes apenas nas vias da "hereditariedade", mas também na própria maneira como se constrói a relação da díade mãe-bebê, o que implica considerar, portanto, a existência da dinâmica da relação de objeto. "Vê-se aliás, por meio desse exemplo, que os pais neuróticos dispõem de vias mais diretas que as da hereditariedade para transferir suas perturbações para a criança" (p. 167).

É importante chamar a atenção para o fato de que todos os pressupostos da teoria da sexualidade infantil freudiana de 1905 estavam fundados em sua experiência de exploração psicanalítica com adultos sofrendo de doença nervosa. Somente em 1909 ele pôde penetrar diretamente na psicossexualidade infantil, por meio do caso do Pequeno Hans, publicado em "Análise de uma fobia de um menino de cinco anos". Nesse momento, ele pôde mostrar que os anos que remontam ao controle da linguagem coincidem com a presença de um símbolo sexual, ou seja, a existência de uma representação do sexual por meio de objetos. Por exemplo, no caso do Pequeno Hans, por detrás da manifestação de sua fobia de cavalos se escondiam suas angústias de castração. Freud, a partir de então, passa a considerar que a representação simbólica se dá por via das relações de objetos, e que estas ocorrem em um momento bem precoce do desenvolvimento psíquico da criança, período que remonta à aquisiçao da linguagem, e não apenas no momento da puberdade.

É nesse contexto que Freud distingue dois tempos primordiais da sexualidade infantil – "autoerotismo" e "amor de objeto" –, tema que será objeto de grandes querelas ulteriores entre os psicanalistas freudianos e kleinianos.

Em seu artigo "Para introduzir o narcisismo", Freud (1914/1992) postula que a libido sexual se dividiria em duas categorias: as pulsões do eu e as pulsões de objeto. Ele desenvolve a ideia de que estas tendem a estabelecer uma relação de oposição, pois, quando uma absorve mais investimento de energia psíquica, a outra imediatamente se empobrece. Por essa via, ele apresenta o conceito de narcisismo primário como uma fase que precederia o investimento pulsional em direção ao objeto, fundada pelas "pulsões autoeróticas" que existiriam desde a origem da vida.

Nesse artigo de 1914, observamos que as hipóteses sobre a pulsão estão ainda muito ligadas a uma posição biologizante e filogenética, na medida em que vêm novamente reforçar a ideia de que as pulsões sexuais se sustentam nas pulsões do eu por apoio. "A hipótese da pulsão do eu e das pulsões sexuais separadas, e, portanto, da teoria da libido, repousa, por uma pequena parte, em um fundamento psicológico e se apoia essencialmente na biologia" (p. 86).

No seu artigo "Pulsões e destinos da pulsão" (1915/1968), Freud defende com convicção a ideia de que a excitação pulsional não vem do mundo externo, mas do interior do próprio organismo. Acrescenta que a "excitação fisiológica" não se assemelha à "excitação psíquica" (pulsão). Essa última age no psíquico como uma "força constante", e não como uma "força de impacto único" e de fácil supressão, razão pela qual a pulsão agiria apenas no interior do corpo, não tendo nesse caso "fuga" que possa servir contra ela.

Ao aderir ao conceito de pulsão como conceito-limite entre o soma e o psíquico, Freud reforça a ideia da pulsão como um representante psíquico de excitações vindas do interior do corpo para atingir o psiquismo graças ao seu trabalho de ligação corporal. Para compreender as consequências dessa ligação, ele nos propõe quatro termos de referência: pressão ou força,[5] alvo, objeto e fonte da pulsão.

Freud entende como pressão ou força de uma pulsão o seu fator motor, ou seja, a força necessária para que ela possa se colocar em ação. O alvo da pulsão seria a *satisfação*, obtida pela "supressão do estado de excitação". O objeto da pulsão, atualmente tema de querela entre as escolas psicanalíticas (à qual retornaremos ao longo desta primeira parte do livro), Freud (1915/1968) define como "aquilo no qual ou pelo qual a pulsão pode atingir seu alvo" (p. 18). Ele afirma que a pulsão não teria "um objeto próprio", de maneira que um objeto pode servir simultaneamente à satisfação de muitas pulsões. Assinala ainda o fato de que o objeto não seria necessariamente um "objeto estranho", mas apenas mais "uma parte do próprio corpo" (1914/1992, p. 19).

Para a "fonte" da pulsão, Freud nunca conseguiu encontrar uma solução convincente. Ele parte de uma ideia básica de que a pulsão, sendo um processo somático, estará forçosamente localizada em um órgão ou uma parte do próprio corpo. Assim, as origens da

5 Cabe assinalar que, de acordo com nota de Luiz Alberto Hans, atual tradutor das *Obras completas de Freud*, pela editora Imago, seria mais adequado traduzir *Drang* por ânsia. A parte teórica da primeira parte da tese de doutorado da autora, que culminou neste livro, foi traduzida por Carmem Lucia M. Valladares de Oliveira e revisada por Saboia, C.

pulsão seriam ou de "natureza química", ou de "natureza mecânica de força", ou, enfim, de "natureza desconhecida", desvelando-se na vida psíquica apenas por seus alvos.

Notemos aqui a resistência de Freud em considerar uma relação entre o objeto externo e as pulsões sexuais. Entretanto, nesse mesmo texto de 1915, ele apresenta a ideia de que as moções pulsionais estariam submetidas à influência de três grandes polaridades dominando a vida psíquica: "atividade-passividade" (polaridade biológica), "sujeito (eu)-mundo externo" (polaridade real), "prazer-desprazer" (polaridade econômica). Observemos que Freud apresenta a imagem da pulsão ligada a uma espécie de movimento circular constante de "ir e vir", ou mesmo à imagem de um afastamento da pulsão que sai à procura do objeto externo, num primeiro momento endereçando-se a um objeto, para depois obter a satisfação pulsional em seu próprio corpo.

Nesse contexto, seria importante saber se a satisfação obtida no próprio corpo não se deveu ao movimento do sujeito de se endereçar primeiramente a um objeto. Essa passagem de Freud parece bem ilustrar sua posição antagônica no que se refere à relação de objeto sem a presença e o direcionamento de um objeto externo.

Freud ainda acrescenta que a via da polaridade "prazer-desprazer"/"amor-ódio" pode se dirigir simultaneamente para o mesmo objeto, ao atribuir um "valor ambivalente ao sentimento". Isso ocorre porque o estádio do objeto é posterior ao estádio narcísico, momento no qual o objeto torna-se fonte de sensação de prazer, provocando o "sentimento de amor e de ódio" quando é fonte de desprazer. Freud afirma que os dois sentimentos não são derivados de uma realidade comum, mas proveniente de origens diferentes, como a "pulsão do eu" e a "pulsão sexual".

Ainda que mais tarde, em seu artigo "Além do princípio de prazer", Freud (1920/1991) venha a reconsiderar as origens em comum do amor e do ódio, isso não o levará a reconsiderar a existência de um objeto externo como componente da vida pulsional. Dessa maneira, notamos que, na primeira teoria da pulsão, persistem certos vestígios da influência de seu pensamento apoiado em conceitos ao mesmo tempo mecanicistas e positivistas, ao passo que, na segunda teoria pulsional, ele se revelará mais próximo da noção finalista e vitalista.

É nesse contexto que Freud abandonará a ideia de que o caráter dualista da pulsão se explicaria pela ambivalência da "pulsão do eu" e da "pulsão sexual" para, a partir de então, afirmar que ele seria provocado pela fusão de dois tipos de pulsões: a pulsão de vida (Eros) e a pulsão de morte (Tânatos), essa última desvelando a tendência do corpo pulsional a sempre retornar a um estado anorgânico.

> *Uma pulsão seria uma força inerente a um organismo vivo para o restabelecimento de um estado anterior que esse ser vivo precisou abandonar sob influência perturbadora das forças externas, ela seria uma espécie de elasticidade orgânica ou, se quisermos, a expressão da inércia na vida orgânica. (p. 88)*

Segundo Freud, a noção de "regressão" não é mais, por consequência, a de uma representação genética "simplista" associada à ideia de um simples retorno a uma fase precedente da evolução libidinal, mas antes a de uma "desfusão" entre "pulsões eróticas" e agressivas, ou seja, entre Eros e Tânatos: "todas as pulsões querem restabelecer algo de anterior" (p. 90).

Se, dessa maneira, Freud nos propõe substituir as "pulsões sexuais" pelas "pulsões de vida ou amor", seria então possível sugerir que a pulsão de amor deve admitir forçosamente a presença de um objeto, na medida em que o sentimento de amor exige normalmente um objeto ao qual se endereçar e a ser investido? Assim, como considerar a satisfação pulsional sem a presença de um objeto? Aliás, se avançarmos ainda mais nossos questionamentos, podemos nos perguntar: para Freud, o estado de "desfusão" entre as pulsões de Eros e Tânatos não subentenderia, *a priori*, um estado de "fusão", posto que, para que duas coisas possam se separar, seria necessário que antes estivessem interligadas? Nesse sentido, como seria possível pensar um estado de "fusão" sem a presença de um objeto ou, em outras palavras, sem falar de "relação de objeto"?

Podemos concluir que, para Freud, as relações entre a pulsão e o objeto são marcadas por uma forte contradição, como pudemos constatar nas passagens citadas. Em todo caso, é importante considerar que, desde então e ao longo de toda a sua obra, ele não mais abordará o "outro semelhante" ou o "objeto externo", como havia feito no "Projeto...", como o componente constitutivo da vida pulsional e, portanto, da vida psíquica da criança. Isso sem dúvida influenciou o nascimento da teoria da relação de objeto, que abordaremos no próximo capítulo.

Para melhor compreender a evolução do conceito de objeto na psicanálise, seus avatares, suas novas perspectivas e, finalmente, sua contribuição para pensar os desdobramentos do campo do simbólico e suas possíveis falhas – sinalizadas pela presença dos quadros psicopatológicos da infância –, propomos retomar a noção de objeto a partir de diferentes autores: Klein, Bion e Winnicott.

2. Os diferentes conceitos de objeto para a psicanálise

O objeto segundo Klein

Após Freud, podemos considerar que Melanie Klein foi quem mais contribuiu para a construção da teoria freudiana. Seu trabalho inovador na clínica infantil, apoiada na técnica do brincar, deu um novo impulso à pesquisa teórica dos estados mais arcaicos da vida psíquica, a tal ponto que as questões referentes à formação do eu ganharam um lugar central nas investigações psicanalíticas.

Sabe-se que Klein rompe com Freud e a psicanálise tradicional quando introduz o conceito de *relação de objeto*. Para Klein, os bebês já nascem aptos a estabelecer uma relação com os objetos do mundo externo. Assim, ela parte da hipótese de que as fases do *autoerotismo* e do *narcisismo* no bebê seriam contemporâneas da primeira relação com os objetos, opondo-se ao conceito freudiano de que essas duas fases excluiriam uma relação de objeto.

Klein ressalta que, embora Freud sugira uma relação com um objeto que precede o autoerotismo e o narcisismo, por exemplo, quando se levam em conta as experiências libidinais do bebê com o seio da mãe (seu primeiro objeto), seu conceito de objeto estaria mais próximo de uma finalidade instintual, ao passo que, para Klein, a relação do bebê com o objeto já se situaria no registro das emoções, das fantasias, das angústias e até mesmo das defesas primitivas:

> *Se levamos em conta a oscilação do bebê entre seu objeto (seio) interno e seu objeto externo, podemos considerar o autoerotismo como uma "fase" definida do desenvolvimento que se prolonga por um período. Consideramos as atividades autoeróticas mais como um modo de comportamento que coexiste com as atividades aloeróticas, ou como estados transitórios no interior de um período rico em experiências vividas com os objetos. (Heimann, 1952/2005, p. 140)*

Por essa via, Klein defende a hipótese central de que existiriam relações de objeto desde os primórdios da vida do bebê. Em seguida, ela condensará as diferentes formas de narcisismo descritas por Freud (narcisismo primário, narcisismo secundário, relações de objeto narcísico) na formulação de uma teoria dita de *objetos internos*.

Para essa autora, os processos mais primitivos de *introjeção* e *projeção* estão associados à construção de "objetos internos", conceito que desenvolve em 1929. Essas postulações sobre "objeto interno" resultam de sua experiência analítica com uma paciente muito pequena, Rita, que ela relata em seu artigo "A personificação no brincar das crianças" (1929/2005). Durante o tratamento de Rita, Klein pôde supor a existência de um objeto interno, representado por uma mãe aterrorizante internalizada, que na realidade se distinguia da imagem que ela (criança) tinha de sua mãe real.

Quando Klein apresentou suas primeiras teorizações sobre o objeto interno, seus colegas psicanalistas da época a acusaram de associar o conceito de *objeto introjetado* à própria noção do eu freudiano. Esses psicanalistas enfatizavam ainda que a noção de objeto interno, teorizada por Klein, correspondia mais às experiências concretas da criança, como uma espécie de um espelho da realidade, na medida em que o objeto interno estaria atrelado à experiência da criança com o objeto externo.

Klein se oporá categoricamente a essa leitura simplista dos "objetos internos", ao afirmar que estes não seriam uma representação tal qual podemos ter em nossas lembranças ou em fantasias conscientes (devaneios diurnos), uma vez que são vivenciados como constitutivos da substância do corpo e da mente: "a crença nesses objetos internos fantasmáticos tem sua origem nas experiências corporais reais da primeira infância, que estão ligadas a descargas de tensão emocional violentas muitas vezes incontroláveis" (Hinshelwood, 2000, p. 83).

É nesse contexto que Klein postula uma nova compreensão das fantasias inconscientes primárias, que passam a ser consideradas conteúdos constitutivos do processo psíquico inconsciente. Assim, as fantasias primárias não mais seriam consideradas *representantes psíquicos das pulsões libidinais e destrutivas*, mas antes um meio de defesa contra a angústia ou, ainda, um meio de controle das necessidades pulsionais.

Essa nova proposição relativa ao conceito de fantasia foi bem aprofundada por sua discípula, Susan Isaacs, em seu célebre artigo "Sobre a natureza e função da fantasia" (1943/2005).[1] Ela destaca a ideia de que fantasias inconscientes implicariam uma relação muito primitiva e rudimentar com um objeto externo, bem como a

---

1 Isaacs assinala a importância de utilizar a palavra *phantasia* com "ph" para diferenciar a significação psicanalítica do termo (fantasias como conteúdo primário de processos psíquicos) da palavra popular *fantasy* (fantasia ou "fantasma"), que designa sonhos diurnos conscientes, imaginação, ficções etc. No Brasil, por influência da psicanálise francesa, também se utiliza a palavra "fantasma".

presença de um objeto interno. Essas fantasias teriam suas origens nas pulsões, que misturam sensações corporais com afetos vividos bem no início da vida do bebê, suscitadas por "alucinações" e por "experiências do tipo oral (devorar, absorver)" e "incorporação do seio da mãe", sendo estas as mais primitivas fantasias do indivíduo.

Klein acrescenta que, logo no início da vida, a relação que o bebê estabelece com o objeto-seio de sua mãe será marcada por uma dinâmica de dois eixos opostos: ou o bebê toma-o como "objeto bom", quando este lhe dá prazer, ou toma-o como "objeto mau", quando ele coincide com sensações de dor ou sentimentos de caráter persecutório. Ela nomeia esse estádio precoce dos objetos de *estádio dos objetos parciais*, no qual o eu se encontraria ainda em um estado bem desintegrado em virtude da clivagem presente no seu interior.

A autora afirma que, para que o eu possa se integrar, é necessário que a dinâmica "introjeção e projeção" seja acionada. Assim, simultaneamente ao movimento de introjeção, o bebê projeta suas pulsões amorosas, atribuídas ao seio gratificador, "o seio bom", ao passo que as pulsões destrutivas são atribuídas ao seio frustrador, "o seio mau". A criança tende, portanto, a projetar aquilo que introjetou, de maneira que se ela introjeta objetos "bons", projetará *a posteriori* sentimentos bons para o mundo externo.

A propósito da "dinâmica da introjeção e projeção", Paula Heimann, em seu artigo "Certas funções da introjeção e da projeção no início da infância" (1952/2005), assinala a hipótese kleiniana de que os mecanismos de "introjeção e projeção" não constituem apenas um aspecto essencial da função do eu: eles são, na realidade, raízes do eu, instrumentos de sua própria formação. "O bom objeto, interiorizado, vem formar o núcleo do eu, em torno do qual ele se apoia e se desenvolve" (Klein, 1958/2005, p. 55).

Essa ideia se oporá à teoria freudiana de que o processo de introjeção está associado à formação do supereu, momento que coincide com a internalização da figura parental na criança. É nesse contexto que Melanie Klein desenvolverá o seu conceito da existência de um supereu precoce, que se estabeleceria em torno de 6 meses, uma idade bem mais precoce que a sugerida por Freud.

Partindo desses pressupostos defendidos por Klein sobre a dinâmica da "projeção e introjeção", podemos deduzir que, para ela, as trocas entre o bebê e o objeto do mundo externo, de certa maneira, seriam constitutivas da formação do objeto interno. Assim, podemos nos perguntar em que medida a existência de um objeto interno não seria a expressão do objeto externo com certas impressões de conteúdo pessoal do bebê.

Contudo, nos parece que, para essa autora, os elementos constitutivos do objeto interno não seriam exclusivamente os objetos externos, na medida em que considera as pulsões agressivas, presentes desde o início da vida do bebê, como o material primário desses objetos internos.[2]

Desse modo, Klein defende a hipótese de que a criança, para interagir com um objeto externo, primeiramente deve ter um objeto interno capaz tanto de conter os elementos primários de sua vida psíquica quanto de se projetar em um objeto externo. Isso nos leva a considerar que o grau de segurança do bebê no que diz respeito à sua capacidade de manter uma boa relação com o mundo externo é proporcional ao amor dos objetos internos e a seus fatores constitucionais.

Klein chama a atenção para o fato de que, em certos bebês, haveria uma tendência ao predomínio da internalização dos maus objetos, o que os levaria a uma tendência desesperada para expulsar esses elementos persecutórios que foram introjetados.

---

2 Mais tarde, em sua obra *Inveja e gratidão* (1957/1975), Klein acrescentará a inveja às pulsões agressivas.

Assim, podemos encontrar, em certos bebês, uma incapacidade de "projetar e introjetar" devida a uma falha da primeira introjeção, responsável pela abertura de um espaço psíquico no qual outros objetos poderão ser introjetados. Por consequência, a criança se encontrará em um estado de extrema rigidez psíquica, a tal ponto que sua personalidade vai se sentir como se estivesse se esvaziando e se espalhando em um espaço sem contornos, privado de conteúdos psíquicos.

Para Klein, quando o bebê apresenta uma a falha dessa primeira introjeção, ao se ver diante de experiências de introjeções sádicas orais, ele tenderá a ativar um mecanismo de defesa, que o ajudará a se livrar de partes indesejáveis. Klein nomeia esse mecanismo defensivo da criança de "identificação projetiva".

Essas hipóteses desenvolvidas por Klein sobre a interiorização de objetos sádicos orais, associada a perturbações do desenvolvimento emocional, serão fomentadas por meio de sua experiência clínica com Dick, uma criança que apresentava perturbações de simbolização (Klein, 1930/2005). A partir do caso Dick, ela pôde estabelecer que as crianças que apresentam perturbações psíquicas tendem a manifestar certa incapacidade para tolerar as angústias primárias, interiorizadas após a introdução de objetos sádicos orais.

A autora também destaca a importância de o bebê experienciar um estado de angústia e frustração para que os símbolos e as fantasias possam se constituir, sendo isso o que determinaria o desenvolvimento normal do eu. Entretanto, quando esses estados se apresentam de maneira muito intensa, o bebê é levado a se refugiar em seu objeto idealizado como meio de se defender de suas vivências de persecutoriedade. Assim, Klein afirma: "Muitas perturbações graves podem resultar desse mecanismo: quando o temor da persecutoriedade é muito forte, a fuga para seu objeto idealizado torna-se excessiva e isso atrapalha consideravelmente o desenvolvimento do eu e perturba as relações objetais" (1952/2005c, p. 283).

No caso em que a criança se mostra incapaz de suportar suas angústias, o eu se desenvolve precocemente, vindo posteriormente a cessar seu desenvolvimento, chegando até um estado de absoluta "inibição". Encontramos aqui, no pensamento kleiniano, a ideia de que as falhas no processo de simbolização seriam, na verdade, causadas por uma parada ou ruptura do processo de desenvolvimento do eu: "O eu teria deixado de elaborar uma vida fantasmática e teria deixado de estabelecer qualquer relação com a realidade. Após um início frágil, a formação simbólica se interromperia" (Klein, 1930/2005, p. 270).

Isso nos permite deduzir que a incapacidade da criança de brincar simbolicamente, como nos casos de crianças com graves quadros psicopatológicos como o autismo, seria provocada por uma espécie de interrupção do desenvolvimento do eu, impedindo a criança de passar do "estado paranoide" ou "posição esquizoide", marcado por um forte grau de angústia primitiva, para a "posição depressiva", momento no qual a criança vai elaborar a perda do objeto primário (o seio), responsável pelo acesso ao "princípio de realidade". Nesse sentido, nos parece importante interrogar se o autismo estaria associado a uma interrupção do desenvolvimento do eu ou a um mecanismo de defesa contra as angústias primitivas.

O objeto segundo Bion

A contribuição de Bion para a teoria psicanalítica é de extrema importância na medida em que ele nos propõe uma nova maneira de compreender a formação do pensamento a partir dos elementos mais primitivos e arcaicos do sujeito. É dessa maneira que ele introduz, na obra *Aprender da experiência* (1962/2003), a teoria da existência de um "aparelho para pensar os pensamentos", baseado na ideia de que haveria uma espécie de pensamento primitivo representado por "protopensamentos" precedendo a capacidade de pensar do bebê.

Bion se apoia na teoria kleiniana para elaborar novos conceitos teóricos. Por exemplo, ele retoma o conceito de "identificação projetiva", postulado por Klein, por outro viés: agora, esta não seria mais vista como um mecanismo de defesa cuja finalidade é livrar o eu de partes indesejáveis, mas um componente fundamental que permite ao "aparelho do pensamento" criar pensamentos a partir de vivências/emoções/sensações/percepções. Dessa maneira, a "identificação projetiva" não seria mais uma simples fantasia operando exclusivamente no interior da psique do sujeito, mas um mecanismo acionado para comunicar suas próprias experiências emotivas, que operam mais com os objetos externos que com os objetos internos.

A identificação projetiva é assim considerada por Bion uma operação psíquica que provoca, no outro, uma desorganização emotiva, ao criar sempre um campo *bipessoal* ou *pluripessoal*. Nessa perspectiva, podemos dizer que a imagem do bebê descrita por ele é a de um bebê ativo e participativo no processo do seu desenvolvimento psíquico, na medida em que ele seria portador de elementos subjetivos próprios, permitindo-lhe interagir precocemente com os objetos externos, que suscitam nele reações próprias e únicas.

Bion postula que o bebê projeta na mãe todos os objetos maus (fezes, urina, voracidade, avidez) na tentativa de se livrar de tudo que lhe é insuportável. Bion associa esses sentimentos primitivos aos elementos rudimentares (conteúdo) da psique, nomeando-os de "elementos beta". O autor teoriza que, após ter enviado esses elementos rudimentares, a criança espera que sua mãe aceite todas as descargas desses conteúdos psíquicos, os transforme e os reenvie sob a forma de objetos "bonificados" (leite, amor, generosidade), exercendo assim sua função de "continente psíquico": trata-se de transformar os elementos primitivos da psique do bebê em elementos mais adaptáveis à sua capacidade psicodinâmica, ainda frágil e rudimentar.

Segundo Bion, essa transformação se opera graças à "existência da função alfa" da mãe, subentendida como um sistema responsável pela transformação de *elementos beta* do bebê (elementos rudimentares de sua vida psíquica) em *elementos alfa* (impressões sensoriais transformadas em imago visual, olfativa e auditiva, elementos que formam os pensamentos oníricos, os pensamentos inconscientes de vigília, os sonhos e as lembranças). Bion assinala o fato de que esses elementos alfa não correspondem exatamente aos objetos do mundo externo, mas aos resultados do trabalho realizado pela função alfa da mãe sobre as impressões sensoriais do bebê.

Ele acrescenta ainda que, para que a mãe possa verdadeiramente realizar sua função de "continente psíquico", é imperativamente necessário que ela seja capaz de colocar seu "aparelho de pensar o pensamento" à disposição de seu filho, para que consiga interpretar aquilo que se passa no psiquismo de seu bebê por meio do jogo de identificações projetivas. Bion nomeou essa capacidade particular da mãe de "capacidade de *rêverie*", que é de suma importância para que se estabeleçam as bases dos mecanismos geradores de pensamento.

> *O termo* "rêverie" *pode se aplicar a qualquer conteúdo. Pretendo limitá-lo aqui a um conteúdo composto do amor ou do ódio. Nesse sentido restrito, a* rêverie *é um estado mental receptivo a todo objeto proveniente do objeto amado, um estado mental capaz de acolher as identificações projetivas do recém-nascido, sejam elas vividas pelo bebê como boas ou más. Resumindo, a* rêverie *é um fator da função alfa da mãe. (p. 54)*

Assim, observamos que, para Bion, os processos de "transformação do pensamento", compreendendo a passagem do "protopensamento" ao "pensamento", seriam regidos pela dinâmica do continente-conteúdo exercida por jogos de projeção estabelecidos entre a díade mãe-bebê.

Esse autor ainda postula que a "teoria do pensar" (*theory of thinking*) se faz graças à "preconcepção" do pensamento, de natureza inata. Para ele, esta vem reforçar a noção de que o bebê nasce com a capacidade de reconhecer o seio como algo que vem preencher sua natureza incompleta. Em outros termos, é como se o bebê carregasse com ele uma espécie de "expectativa inata para receber o seio". Dessa maneira, para ele, o simples fato de encontrar-se em face do seio real já seria determinante para completar a concepção do pensamento.

> *O modelo do qual me sirvo para dar uma significação temporária ao termo de preconcepção inata é o do recém-nascido, pressuponho que todo bebê tem uma preconcepção inata da existência de um seio capaz que satisfazer sua própria natureza incompleta. (p. 89)*

Bion postula, além disso, que o mais importante para a introdução da concepção de pensamento seria, na realidade, "a capacidade do bebê para tolerar a frustração" provocada pela ausência do seio.

Assim, a capacidade da criança para tolerar a frustração da ausência do objeto seio a leva a adquirir uma capacidade de pensar, pois ela se encontra diante de sua necessidade de tentar, a qualquer preço, preencher o vazio da frustração, ou então de modificar essa realidade. "Eu limitaria o termo 'pensamento' à união de uma preconcepção dessa realidade" (p. 127).

De toda maneira, Bion nos assinala a importância, para o bebê, de suportar uma situação de frustração para se tornar capaz de usufruir da presença da mãe e de sua "*rêverie* materna", tal como ela se apresenta. Por exemplo, o bebê capaz de "suportar a frustração" pode se contentar e se reconfortar com a voz da mãe, que lhe fala, sem querer imediatamente "o seio", a voz tendo assim a função de preencher o período de espera do bebê. "A capacidade para tolerar a frustração capacita a psique a desenvolver pensamentos como um meio de tornar a frustração tolerada ainda mais tolerável" (p. 127).[3]

É nesse sentido que Bion postula que a origem da patologia, do transtorno do pensamento estaria associada à incapacidade da criança em tolerar o "não seio", a ausência do seio como a ideia de um seio mau que foi esvaziado. Assim, por força da intolerância, a atividade de "identificação projetiva" no bebê (considerada uma forma precoce da capacidade de pensar) aumentará, excessivamente, até a clivagem do eu, quando veremos a supressão da atividade de assimilação das impressões sensoriais, base fundadora da formação do pensamento pré-verbal. É como se a identificação projetiva tivesse adquirido um caráter de função mais "esvaziadora" que "geradora" de pensamento, a tal ponto que o bebê se tornaria incapaz de distinguir aquilo que é realidade daquilo que é da ordem da fantasia.

Por consequência, observamos o desencadeamento de uma organização psicótica no sujeito, marcado pela instauração de uma relação objetal regida pela presença de "objetos bizarros". Esses objetos estão associados a uma invasão excessiva dos elementos psicóticos, responsáveis por suscitar no sujeito pensamentos do tipo alucinatório, bem como a uma incapacidade em distinguir as palavras das coisas. O sujeito, então, tende a perceber palavras como coisas que o seguem pelo olhar, "todos os sons transformam-se em coisas que vejo ao meu redor" (p. 87).

Como foi assinalado anteriormente, para Bion, a capacidade de tolerância do bebê seria a causa provável da "teoria do pensar", a tal

---

3 Essa abordagem teórica de Bion nos remete ao que observamos com frequência em bebês e crianças pequenas com sinais de risco psíquico, por exemplo, o autismo. Elas, geralmente, apresentam sinais de desorganização psíquica diante de situações de frustração, além de uma dificuldade extrema de serem consoladas pelos adultos de referência.

ponto que, mesmo a mãe se mostrando incapaz de "sonhar" com seu filho, ele pode sobreviver a essa falha e conseguir estabelecer uma relação favorável com o mundo. Em contrapartida, quando uma criança é fundamentalmente incapaz de tolerar a frustração, ela se abate facilmente face à experiência negativa, mesmo na presença de uma mãe capaz de *rêverie*.

Essas hipóteses defendidas por Bion nos permitem compreender que essa incapacidade da criança de tolerar a "frustração" se apresentaria como algo programado e inato à estrutura do recém-nascido. Se, para Bion, a intolerância está associada à manifestação de perturbações da simbolização, podemos nos perguntar se, em certas patologias associadas a falhas no processo de simbolização, como o autismo infantil, não haveria um caráter inato. Será que poderíamos também supor que os bebês futuros autistas chegariam ao mundo já com uma incapacidade para tolerar essas experiências de frustração? Seria essa incapacidade de tolerância à frustração deles a causa da projeção inapropriada e desajustada, impedindo o desenvolvimento da função alfa da mãe?[4]

Essa hipótese que procuramos destacar parece encontrar seus fundamentos na abordagem bioniana, segundo a qual os objetos internos projetados do bebê não são verdadeiramente apenas objetos internos. Isso quer dizer que eles não são vistos apenas e simplesmente como objeto de um afeto, mas antes como alguma coisa que engloba tudo que existe de primitivo e arcaico no bebê, inclusive suas primeiras relações com os objetos externos. Bion, assim, nos leva a pensar que os conteúdos psíquicos do bebê são, ao mesmo tempo, constituídos por "elementos beta e elementos alfa", o que implica considerar que o bebê desempenha um papel

4 Laznik (2010) reforça essas hipóteses, constatando que bebês com risco de evolução autística mostram, desde muito cedo, uma recusa a entrar na relação com o objeto materno, a ponto de despotencializá-lo no exercício de sua função materna.

ativo no acesso à intersubjetividade, na medida em que é portador de *protoelementos alfa*.

Essa afirmação caminha na mesma direção das hipóteses defendidas recentemente, por especialistas do autismo, de que certos entraves verificados durante essas primeiras interações do bebê com sua mãe seriam anteriores ao primeiro encontro mãe-bebê (Maiello, 1991).[5] Pesquisas ainda mais recentes (Beaulieu, 2021) afirmam que bebês que apresentam, desde a vida intrauterina, baixa fluxo de seus movimentos corporais e, ulteriormente, baixa qualidade dos movimentos *fidgety*, a partir do 3º mês de vida, apresentam comprometimento no diálogo corporal com o objeto materno, dificultando as trocas relacionais entre a díade. A psicanalista francesa G. Haag (1985) ainda complementa que a ausência da experiência de "apoio de fundo" (arrière-plan), proveniente das sensações tácteis vivenciadas pelo feto ao apoiar a região dorsal sob a cavidade intrauterina do ventre materno, impede que o bebê vivencie a sensação de envelopamento de seu eu corporal e a construção de seu eixo central, o que comprometeria o estabelecimento dos circuitos pulsionais e dos "elos relacionais" (*boucle de retour*) entre o bebê e o adulto familiar.

Para concluir, retomando as ideias de Bion, a construção da relação objetal entre a criança e o mundo externo se constrói a partir das primeiras interações do bebê com sua mãe, e, como Freud, Bion privilegia a "ausência do objeto" como fator constitutivo da realidade psíquica da criança.

Sob outro ponto de vista, temos a proposição de Winnicott (1951/1968) de que a "ausência" não é tão importante quanto a "capacidade de criar um objeto". Dito de outro modo, a ideia da falta do objeto é menos importante que a ideia de "ter a ilusão de onipotência" sobre o objeto. Encontramos aqui um novo paradigma

---

5 Essas hipóteses são desenvolvidas no Capítulo 5 deste livro.

regido pelo paradoxo do objeto "encontrado-criado", cuja premissa se apoia sobre a noção da "presença do objeto", e não pela sua ausência, segundo o modelo da "metapsicologia clássica freudiana".

O objeto segundo Winnicott

> *O eu instaura a relação de objeto.*
>
> Winnicott (1962/1970)

Winnicott nos propõe uma nova concepção de objeto quando desenvolve, entre 1951 e 1971, as dimensões fenomenológicas da noção de "transicionalidade". Em contraste com o pensamento freudiano, Winnicott afirma que o objeto da pulsão não seria aquele por meio do qual a pulsão atingiria seu alvo, pois existem novas categorias de objeto, como: "objeto transicional", "uso de um objeto" e "objeto subjetivo".

Esse autor pressupõe que a constituição da pulsão se daria em um tempo posterior ao da relação originária eu primitivo-ambiente. Isso quer dizer que a pulsão é organizada pelas respostas do ambiente.

> *Cabe insistir no fato de que, ao falar de instaurar uma relação de objeto, não quero falar de satisfação ou frustração instintiva. Quero falar de condições prévias, internas como externas, que fazem com que de um aleitamento ou "uma reação à frustração" satisfatória desponte uma experiência do eu (Winnicott, 1962/1970, p. 17).*

Dessa maneira, constatamos que Winnicott não leva em conta o conflito intrapsíquico que se instaura entre o eu e o supereu. Para ele, haveria um eu presente desde o início da vida psíquica do bebê, considerando que o id não precederia a constituição do eu. Esse novo postulado de Winnicott suscitou grandes debates entre os psicanalistas de sua época, que o acusaram de ignorar os conceitos da metapsicologia. "Pode-se ignorar o que seria a vida pulsional fora do funcionamento do eu, porque o bebê ainda não é uma entidade com experiências. O id não existe antes do eu. É somente a partir dessas premissas que se justifica um estudo do eu" (p. 9).

Em sua obra *A natureza humana* (1988/2005), ele desenvolve a ideia da existência de um "núcleo primário ou primitivo", se distanciando da ideia de uma inconsciente originário ou primitivo, originário do conflito intrapsíquico. Assim, o viés sob o qual ele defenderá a noção de correlação entre os estados primitivos de "ser" e de "não ser" se apoiará na noção de que o eu se origina de um eu primitivo, que se constituirá na medida em que se estabelece uma relação com a mãe.

Nesse contexto, podemos pensar que, quando Winnicott não leva em conta os conflitos intrapsíquicos, ele nos traz novas perspectivas para pensar que a dinâmica da construção do eu se constitui por meio de fenômenos mais físicos do que psíquicos, na base de um jogo de forças. Como fenômenos físicos aqui se entendem as próprias experiências psicomotoras vivenciadas pelo bebê desde os primórdios da vida.

De fato, ele parte do pressuposto de que o "núcleo primitivo do eu" se encontra em uma espécie de bolha que sofre e adapta-se ao nível da pressão vinda do ambiente, pressão esta que seria vivenciada pelas próprias experiências sensoriais por meio de *holding* e *handling* nas trocas com o objeto materno. Quando essa pressão ultrapassa ou, inversamente, se torna inferior à pressão interna do núcleo primitivo em questão, pode-se dizer que o ambiente adquire um estado "intrusivo".

Partindo dessa hipótese, Winnicott chama a atenção para a importância da adaptação do ambiente às necessidades da criança, como ponto fundamental para que o bebê possa dar continuidade à sua existência (*go on being*), em outros termos, passar do estado de não ser ao estado de ser (*sense of being*). Enquanto ele privilegia a adaptação do ambiente às necessidades do bebê, outros como Pesco (2004) consideram que a leitura winnicottiana tende a negligenciar toda a noção erótica do objeto primário, bem como todo o mecanismo de apreensão e de interiorização das funções de objeto no processo de construção do *self*.

É verdade que Winnicott não enfatiza o trabalho de interiorização do objeto, na medida em que privilegia, em sua teoria, a leitura do processo de integração das qualidades do *self* como teriam sido estabelecidas no nascimento. É nesse sentido que percebemos uma distância entre seu pensamento e o de Klein. Para Winnicott, o trabalho de internalização do objeto seria, na realidade, ulterior ao da projeção; dizendo de outro modo, o objeto interno não poderia existir sem a existência anterior da posse do objeto. Isso quer dizer que o sentido "interno" na criança não pode ser dado antes que a criança comece a estabelecer uma fronteira entre o eu e o não eu.

Winnicott sugere que a mãe deve se adaptar à função e aos ritmos das necessidades de seu filho, de maneira que "a mãe suficientemente boa" venha a desempenhar um papel primordial no desenvolvimento da criança, porque é capaz de se colocar em seu lugar e saber do que ela tem necessidade. Ele insiste na importância do fato de que a mãe atinja a posição dita de "preocupação materna primária", um estado semelhante à loucura, no qual a mãe pode vir a se identificar com seu filho a fim de adaptar-se à necessidade dele.

Dessa maneira, o desenvolvimento do eu corresponderia mais à evolução de um estado de "dependência absoluta" do bebê com relação à sua mãe para um estado de "independência": "Utilizo o conceito de integração do eu para descrever a instauração do desenvolvimento afetivo da criança, que não cessa de evoluir de uma dependência absoluta para uma dependência relativa e para a independência" (Winnicott, 1962/1970, p. 17).

Por outro lado, ele nos apresenta uma nova compreensão do conceito de necessidade. Não se trata mais de uma satisfação pulsional da criança, como defende a psicanálise clássica de Freud, mas seria, na realidade, uma adaptação da criança ao objeto alucinado.

Winnicott postula que, no início da vida, o recém-nascido não pode diferenciar o que faz parte de si daquilo que faz parte do objeto externo, ou seja, distinguir entre a realidade interna e subjetiva e a realidade externa e objetiva. Dessa maneira, o bebê acredita ter o controle dos objetos e que é capaz de criar os objetos encontrados, quando estes lhe são introduzidos pela mãe dita "suficientemente boa" no bom momento, ou seja, no momento em que o bebê alucina o próprio objeto. É a partir dessa perspectiva da dinâmica "encontrado-criado" que Winnicott desenvolve seu conceito de "construção da relação de objeto".

É importante assinalar que, para ele, a criança primeiro criará o objeto, para em seguida alueiná-lo. Nesse contexto, podemos ainda constatar outra divergência entre o conceito winnicottiano e o de Freud, na medida em que, para o primeiro, a alucinação não estaria mais associada à ausência do objeto, mas seria antes uma resposta ao aumento da tensão pulsional que se estabelece independentemente da realidade do objeto.

> *O início da relação de objeto é complexo. Ela só pode ocorrer se o ambiente oferecer os objetos de tal maneira que o bebê crie o objeto, que o bebê desenvolva a expectativa vaga que se origina em uma necessidade não formulada. A mãe que sabe se adaptar oferece um objeto ou um movimento que satisfaz as necessidades do bebê. (Winnicott, 1962/1970, p. 17)*

Desse modo, ele formula a hipótese de que o eu *seria responsável* pela instauração da relação de objeto, em contradição com a psicanálise clássica, que defende a ideia de que o eu é fundado graças à relação de objeto. Neste caso, parece pertinente perguntar: de que material se constituiria esse eu primitivo do qual Winnicott nos fala? Para responder a essa questão, ele postula a existência da "criatividade primária", que desempenha um papel importante na construção do objeto.

Para Winnicott, o bebê, desde o seu nascimento, carrega uma espécie, de "potencial criativo inato", o que lhe permitiria trazer, desde a "primeira mamada teórica", marcas e conteúdos próprios de protoelementos psíquicos. Essa posição de Winnicott vai ao encontro da imagem de um bebê "competente" e "participativo" no processo de acesso à intersubjetividade (hipóteses que serão retomadas no Capítulo 4), posição esta defendida pelos clínicos e teóricos que trabalham atualmente no campo da intervenção precoce.

Para Winnicott, o que o bebê cria dependerá, na realidade, daquilo que lhe é apresentado por sua mãe, que, sendo uma mãe "suficientemente boa", se adaptará às necessidades de seu bebê. Por meio desse paradoxo, ele enfatiza a importância do objeto, que só pode ser criado e investido na condição de ser apresentado pela mãe. "Aquilo que o bebê cria depende muito daquilo que lhe é apresentado no momento criativo" (1954/1989, p. 147).

Em contrapartida, no caso em que a criatividade do bebê venha a falhar, todas as *nuances* da função de apresentação do objeto (*object-presenting*), desempenhada pela mãe, serão desprovidas de sentido para a criança. A criança, então, encontrará percalços para estabelecer uma relação objetal, tornando-se incapaz de circular pelo mundo do simbólico.

A partir dessa perspectiva winnicottiana, podemos supor que as origens e as raízes das falhas no processo de subjetivação das crianças poderiam estar associadas a uma falha ou falta desse material primitivo criativo, responsável pela construção do eu primário, que precederia as primeiras relações objetais. Em outras palavras, nos perguntamos se as patologias infantis que sinalizam falhas no processo de simbolização da criança, como o autismo, não seriam oriundas da própria falha nesse potencial inato e criativo sobre o qual Winnicott teoriza.

Esse autor atribui muita importância à "criatividade primária", na medida em que ela é considerada o elemento formador do "eu primitivo". No entanto, ele aprofunda essa reflexão, ao afirmar que haveria algo ainda mais primitivo que essa "criatividade primária" ao teorizar a existência da "agressividade originária", elemento responsável pelo processo do desenvolvimento emocional do bebê.

Ele desenvolve a ideia de que a condição *sine qua non* para que o pequeno *infans* seja capaz de criar objetos é que ele seja, antes de tudo, capaz de destruí-los. Isso significa que, para que o objeto externo se construa, é necessário que a criança seja capaz de destruir esses objetos e que esses objetos sobrevivam a essa destrutividade, para, em seguida, passar para outra zona de controle, a da "realidade compartilhada e objetiva", e não mais a do "controle onipotente e subjetivo".

Para melhor compreender essa ideia da agressividade como elemento primário, nos parece pertinente revisitar a origem das palavras *aggression* e *aggressivity*. Na língua inglesa, encontramos as seguintes definições: *aggression* significa 1. *unprovoked attack*, 2. *the act of beginning a quarrel or war*, 3. *behaviour intended to injure another person or animal*; ao passo que o termo *aggressivity*, ou ainda *aggressiveness*, dá a ideia de 1. *offensive*, 2. *disposed to attack others*. Cabe assinalar que Winnicott opta pelo termo *aggression*, e não por *aggressivity*, o que nos envia uma imagem de agressividade associada a uma ação inicial, um ataque não provocado (*unprovoked attack*).

A agressividade para Winnicott ganha, então, o estatuto de *atividade*. Ela seria antes vista como uma força de vida, não como a pulsão de morte de Freud, e tampouco seria associada à ideia de uma reação à frustração da adaptação ao princípio de realidade, como defendia Klein. A agressividade seria, para Winnicott, o próprio elemento constitutivo da realidade externa. Ele afirma: "A teoria ortodoxa supõe sempre que a agressividade é reativa, indo ao encontro do princípio de realidade, quando na realidade é a pulsão destrutiva que cria a qualidade da exterioridade" (1971/1975b, p. 130).

Assim, ele traz uma nova forma de compreender a agressividade, como um potencial existindo desde os estados precoces da vida, e não como um componente reativo, como a inveja, o sadismo e o ódio, que são sinais de crescimento emocional e, portanto, mais elaborados. "Um bebê dá pontapés no ventre de sua mãe, não podemos supor que assim ele está tentando fugir. Um bebê de algumas semanas abana seus braços, não se pode presumir que ele quer destruir ou machucar" (1950-1955/1968, p. 151).

Ao considerar, assim, que a agressividade está presente antes mesmo da "integração da personalidade", poderíamos supor que ela teria suas origens nas próprias experiências sensoriais do bebê, desde a vida intrauterina. Winnicott acrescenta que se a agressividade desaparecesse no estágio do desenvolvimento afetivo, a capacidade da criança de amar e sua aptidão para estabelecer relações objetais ficariam comprometidas. A agressividade daria à criança, portanto, a possibilidade de *criar o objeto.*

Para ele, seria inconcebível pensar que o objeto e a realidade fossem impostos a partir das "projeções dos objetos e dos fenômenos introjetados". Ele considera que, inicialmente, é necessário que a criança os crie e os imagine, ou seja, que a criança não pode se dar conta da existência do mundo antes que o tenha concebido e imaginado. "Primeiro, a criatividade é parte integrante da vida. O indivíduo, de uma maneira ou de outra, faz um movimento para procurar alcançar (*reach out*) um objeto de modo que, se ele o encontra, uma relação pode se estabelecer" (Winnicott, 1950-1955/1968, p. 152).

É nesse contexto que ele afirma que é no "fazer" que o "ser" poderá advir: "por detrás do fazer deve-se desenvolver o ser". E acrescenta ainda: "para poder ser e ter o sentimento de que se é, é necessário que o fazer por impulso se imponha ao fazer por reação" (1963/1970a, p. 46).

O processo de integração do eu será, assim, amplamente determinado pelas condições que foram dadas à criança nos primeiros estados de sua relação com o objeto. Neste caso, deve-se assinalar que o jogo inicialmente estabelecido entre a mãe e o bebê é de uma importância fundamental para que o bebê possa ter acesso à "área de espaço transicional".

Esse jogo inicial, chamado por Winnicott de *playground*, caracteriza-se por ser um jogo rudimentar e primitivo que se estabelece entre a mãe e o bebê no período do desenvolvimento deste em que a mãe se mostra atenta para se adaptar às atividades de seu filho, a fim de lhe dar todas as condições propícias para a sua maturação. Assim, para que a criança possa viver a experiência da *área de transicionalidade*, antes deve encontrar um "primeiro espaço potencial" fundado graças ao estabelecimento desse jogo primitivo (*playground*).

No caso em que o encontro entre o bebê e a mãe é marcado por uma falta de sincronicidade e da experiência de um prazer compartilhado entre eles, o jogo estabelecido entre a mãe e seu bebê não pode se desenvolver normalmente, comprometendo, assim, a dinâmica do processo de maturação do bebê para o "estado de integração do eu".

Winnicott enfatiza ainda que "esse primeiro espaço transicional" seria a única condição responsável pela capacidade do bebê de utilizar símbolos. Nesse sentido, diríamos que essa área transicional constituiria antes uma espécie de testemunho, na medida em que o bebê se encontra em uma situação de "pré-transição", para finalmente atingir o espaço potencial, "um espaço formado por justaposição entre aquilo que o bebê concebe e aquilo que a mãe lhe fornece. . . A área intermediária à qual me refiro é uma área, alocada à criança, que se situa entre a criatividade primária e a percepção objetiva baseada no teste de realidade" (1971/1975, p. 21a).

Winnicott define os objetos e os fenômenos "transicionais" como os objetos utilizados e as técnicas empregadas em um estado temporário, pertencente à primeira infância, estado caracterizado pelo sentimento de onipotência e ilusão da parte do bebê de ter o controle mágico da realidade externa, ou seja, de acreditar que a realidade externa existe segundo sua própria capacidade de criar.

O objeto transicional, ou a primeira possessão, é um objeto oriundo da criação e da alucinação da criança, o que justifica a importância da criatividade e do estado de ilusão como condições fundamentais para que a criança possa vir a circular nessa zona intermediária. Na realidade, é graças ao objeto transicional que a criança passa de uma relação de controle onipotente sobre o objeto a uma relação com o objeto, momento em que esse último passa a ter o estatuto de "subjetivamente concebido".

Assim, o pedacinho de tecido, a ponta do cobertor ou do edredom, uma palavra, uma melodia ou ainda um gesto habitual adquirem uma importância vital para a criança pequena, que os utilizará no momento em que adormece como um meio de se defender das angústias, em particular das angústias de separação.

Segundo Winnicott, no caso de crianças que apresentam entraves do desenvolvimento psicomaturacional, elas se veem impossibilitadas de ter um outro objeto transicional que não seja o próprio objeto materno, uma vez que a falha de seu processo maturacional as impossibilitou de vivenciar esse estado de transicionalidade.

No final de sua vida, Winnicott introduz novos aspectos referentes à construção de relações objetais na criança em seu artigo

"O uso de um objeto e relacionamento através de identificações", de 1971/1975b, no qual analisa a passagem do *modo de relação do bebê com o objeto* (*object-relating*)[6] para sua capacidade de *fazer uso do objeto* (*object-usage*). E acrescenta ainda que esses dois aspectos da relação de objeto na criança estão estreitamente ligados à sua maturação psicoafetiva, na medida em que a criança acederá ao campo simbólico quando for capaz de fazer uso dos objetos do ambiente de uma maneira rica e simbólica.

> *Quando se ensina ou se alimenta uma criança, a capacidade de fazer uso dos objetos é tida como adquirida, mas, no nosso trabalho, é necessário que nos preocupemos com o desenvolvimento e o estabelecimento da capacidade de fazer uso dos objetos e que reconheçamos, se for o caso, uma incapacidade de um paciente em fazê-lo. (Winnicott, 1969, p. 121)*

O modo de "relação com o objeto" é caracterizado por um momento mais primitivo da maturação da criança, quando esta ainda não é capaz de reconhecer o objeto como alguma coisa distinta dela mesma. Winnicott acrescenta que, nesse estado inicial do desenvolvimento, o sujeito autoriza certas modificações de si, em virtude

---

6 Vale sublinhar que, na tradução francesa, o termo *object-relating* foi traduzido como *relation à l'objet*, que se associa mais à ideia de relação "com o objeto", o que difere da ideia de *relation d'objet* (relação de objeto), que segue mais o pensamento da teoria da relação de objeto da escola kleiniana, que não dá tanta ênfase à existência dos objetos externos. No entanto, a tradução do termo *object-relating* na versão brasileira segue mais a ideia de relação de objeto, embora na última tradução de 2019 (revisada por L. Fulgêncio) haja momentos nos quais o tradutor optou por relação ao objeto. A autora deste livro optou por basear-se na referência francesa, uma vez que parece dar mais fidedignidade à ideia da relação sujeito-objeto externo.

do investimento inicial do objeto, que aciona os mecanismos de projeção e identificação do sujeito.

Quanto à capacidade da criança de "fazer uso do objeto", Winnicott faz alusão ao momento em que a onipotência da agressividade para com o objeto é acionada (destruição). O "uso do objeto" não é forçosamente programado geneticamente, mas resulta do processo maturacional do bebê, ligado diretamente ao ambiente facilitador.

Uma vez destruído pela criança e após ter sobrevivido a essa destruição, o objeto ganha um valor que lhe permite ser usado como um objeto encontrado fora do campo de seu controle onipotente. Isso nos autoriza a afirmar que, para que o objeto faça parte da realidade compartilhada, ele deve necessariamente ser real. Winnicott acrescenta: "para fazer uso dos objetos, é necessário que o sujeito tenha desenvolvido uma capacidade de fazer uso dos objetos, o que faz parte de uma mudança que intervém no princípio de realidade" (1971/1975b, p. 124).

> *O modo de relação com o objeto é uma experiência do sujeito que pode ser descrita em referência ao sujeito enquanto ser isolado. Entretanto, quando falo de utilização, tenho como adquirido o modo de relação ao objeto e a isso acrescento novos traços referentes à natureza e ao comportamento do objeto. Assim, o objeto, se deve ser usado, deve necessariamente ser real, no sentido de fazer parte de uma realidade compartilhada, e não é simplesmente um feixe de projeções. Eu acho que isso ajuda a criar um mundo de diferença que existe entre o modo de relação e o uso do objeto. (Winnicott, 1971/1975b, p. 123)*

Assim, quando a criança chega a diferenciar o eu do não eu e a utilizar os objetos de maneira rica e criativa, ela não tem mais necessidade do objeto transicional enquanto tal, porque a tarefa desse objeto já foi realizada, o que significa que a criança será capaz de aceder ao campo simbólico.

Quando o *playground* é estabelecido de uma maneira favorável ao bebê, este torna-se apto a jogar (*playing*), o que subtende que ele é capaz de circular na área dita transicional, passando ulteriormente a ser capaz de fazer uso dos objetos do ambiente de maneira rica e criativa.

Parece-nos importante levar em conta o estudo da transição entre o *playground* e o *playing* quando nos interessamos pela clínica de bebês e pelo campo da intervenção precoce, na medida em que ele traz novas perspectivas teóricas para se pensar sobre esse processo de transição entre a "relação com o objeto" e o "uso do objeto".

É por meio do ato do brincar que se pode compreender onde se situa a criança no processo do seu desenvolvimento psicomaturacional. Assim, Winnicott nos convida a levar em conta a forma como o bebê vai interagir e utilizar os objetos do mundo externo, como um componente importante no campo da pesquisa e da clínica de bebês.

Em seu texto "Observação de bebês em uma situação estabelecida" (1941/1968), Winnicott observa todo o movimento inicial que o bebê faz em direção à espátula e as variações de seu comportamento, que vai do estado de hesitação inicial ao ato de captar, manipular e repudiar a espátula, jogando-a no chão. Para ele, as variações do comportamento do bebê estariam associadas aos graus de "avidez", que está relacionada à pulsão de agressividade e à criatividade da criança.

Nesse sentido, consideramos que essas observações nos trazem novas perspectivas para pensar sobre a maneira como o bebê passará do jogo precoce (*playground*) a um jogo mais elaborado (*playing*), o que implica o acesso da criança ao campo simbólico, que subentende, igualmente, a passagem da criança "da relação com o objeto" ao "uso do objeto".

Dessa maneira, se Winnicott enfatiza a importância de o bebê se tornar capaz de fazer uso do objeto para que ele possa se sentir real como pessoa, seria interessante levantarmos como questão se entraves no processo de subjetivação da criança não teriam suas raízes precisamente nessa transição entre o modo de relação com o objeto (*object-relating*) à utilização do objeto (*object usage*) (retornaremos a essa questão no Capítulo 6).

Contudo, antes de trabalhar essas hipóteses teóricas, cabe apontar algumas diferenças entre Winnicott e Lacan no que se refere ao conceito de objeto.

Algumas considerações sobre o conceito de objeto para Winnicott e Lacan

Levando em conta a importância da obra lacaniana para a construção do objeto, nos parece pertinente assinalar as divergências e as convergências entre os conceitos winnicottiano e lacaniano de objeto, sem, contudo, termos a intenção de aprofundar o conceito de objeto do ponto de vista lacaniano.

Para Lacan, o desenvolvimento do eu é constituído graças ao processo de identificação do bebê com os objetos, o que nos remete à noção de identificação inaugural, associada à relação do bebê com o objeto primordial (mãe). É por essa via que Lacan introduz, por volta de 1936, o modelo do "estádio do espelho" como um estado de identificação primordial, momento em que a criança constrói sua imagem por meio da imagem do corpo do outro. Assim, o bebê, que até então tinha o registro de um corpo despedaçado e fragmentado, ao passar pelo estádio do espelho, adquire a experiência de um corpo unificado, o que o leva a sair do estado do autoerotismo para atingir o do narcisismo, momento no qual o eu se constituiria.

Lacan acrescenta que o "estádio do espelho" subentende toda a dialética do comportamento da criança em presença do seu semelhante. A criança se constituiria, então, pela imagem especular do outro, ao mesmo tempo que ele é tomado como objeto. Assim, no "estádio do espelho", o bebê inicialmente vai perceber a imagem do outro como a de um ser real, se esforçando para dele se aproximar ou para apreendê-lo. Dizemos que, nesse momento, a criança se encontra em um estado de confusão inicial entre o eu e o outro. Em um segundo tempo, a criança descobrirá que o outro do espelho não é um ser real, mas uma imagem. Finalmente, em um terceiro tempo, a criança acabará por reconhecer que a imagem que ela vê refletida no espelho é a sua própria imagem.

> *O que é o estádio do espelho? É esse momento em que a criança reconhece sua própria imagem. Mas o estádio do espelho está bem longe de apenas conotar um fenômeno que se apresenta no desenvolvimento da criança. Ele ilustra o caráter de conflito da relação dual. Tudo que a criança apreende nessa captação da sua própria imagem é precisamente a distância que há de suas tensões internas, essas mesmas que são evocadas nessa relação de identificação a essa imagem. (Lacan, 1956/1994, p. 27)*

Constatamos assim que, para Lacan, a imagem do outro está articulada à imagem especular da figura materna. Para ele, não há a ideia de que o estado inicial da vida do bebê é marcado por um estado fusional entre ele e sua mãe, mas antes por um estado de "confusão inicial" entre si e o outro. Isso o coloca em posição oposta à de Winnicott, que sustenta o conceito de "identificação primária", no qual o bebê e sua mãe se encontrariam em um estado de absoluta fusão. Observamos, assim, uma diferença fundamental entre essas duas teorias quanto à presença e à dimensão do outro no processo de construção psíquica do bebê.

Na realidade, para Lacan, a ideia de um estado de fusão absoluta, tal qual é defendida pelos pós-freudianos da escola de relação de objeto, seria inconcebível, na medida em que, para ele, a mãe e o bebê estão separados por um "hiato" representado pela "falta do objeto". O bebê da teoria lacaniana não se separa de sua mãe por um processo de indiferenciação porque ele ainda não perdeu nem a mãe, nem o seio (ele nunca os havia encontrado antes); ele perdeu uma parte dele mesmo, pois, para Lacan, o primeiro encontro não é nem o seio, nem outro objeto, nem outra pessoa, mas a falta do objeto.

No Seminário I, "Relação de objeto e relação intersubjetiva" (1954/1975), Lacan critica fortemente a teoria da relação de objeto ao mencionar a relação do bebê com o objeto: "Não temos que levar em conta a relação dele com um objeto, porque para ele ainda não existe nenhum objeto" (p. 236). Lacan defende a noção de que o bebê, no início da sua vida, não é capaz de distinguir o objeto de que necessita, na medida em que conhece apenas as sensações de prazer e desprazer: "há uma etapa em que o sujeito infante não conhece sua necessidade, no sentido de que ele não tem relação com o objeto que o satisfaz, ele só conhece suas sensações e reage no plano estímulo-resposta" (p. 236).

Dois anos mais tarde, no Seminário intitulado "A relação de objeto" (1956/1994), Lacan critica ferozmente o conceito de objeto transicional introduzido por Winnicott. Ele se opõe à ideia da existência do objeto intermediário, na medida em que todos os objetos do jogo da criança são, segundo ele, objetos transicionais. Assim, não se trata de perguntar se os objetos são mais subjetivos ou mais objetivos, porque eles são de outra natureza, eles são imaginários.[7]

---

7 De acordo com a teoria lacaniana, a constituição da subjetividade do sujeito se apoia na dialética de categorias: o Real, o Simbólico e o Imaginário.

Lacan desenvolve ainda a ideia de que o objeto transicional defendido por Winnicott reduziria a dimensão da dialética da alucinação do objeto, uma vez que o objeto que é alucinado pela criança não poderia jamais ser substituído por um objeto real introduzido pela mãe. Acrescenta também que o grande erro de Winnicott foi ignorar as distinções entre "a alucinação do seio materno", que surge do princípio do sistema primário de acordo com a noção da psicanálise, e o encontro da criança com um objeto real.

> *É inconcebível que se possa elaborar seja lá o que for que vá mais longe que a noção de um objeto estritamente correspondente ao desejo primário... A extrema diversidade de objetos, tanto instrumentais quanto fantasmáticos, interferindo no desenvolvimento do campo do desejo humano é impensável em tal dialética a partir do momento que os incorpore em dois autores reais, a mãe e a criança. (p. 35)*

Lacan parte do pressuposto de que o objeto alucinado jamais será encontrado porque ele jamais será o mesmo objeto, razão pela qual é constituído por um forte sentimento de nostalgia, por meio do qual se erigirá todo o esforço da procura do objeto. O objeto alucinado marca, de fato, a redescoberta do signo de uma repetição impossível: o reencontro com o objeto perdido.

A partir de outra perspectiva, Winnicott desenvolve a noção de que a alucinação estaria mais associada ao aumento do nível da tensão pulsional que a uma resposta à ausência do objeto. Desse modo, a alucinação se apresentaria independentemente da realidade do objeto, tal qual a evocamos no capítulo precedente.

Notamos que Lacan desenvolve sua teoria a partir de um pressuposto central baseado na noção da falta do objeto. Para ele, a única maneira de o eu se constituir seria por meio da experiência da "castração", comportando uma atitude agressiva responsável pela introdução da noção de "falta" no imaginário infantil.

Na realidade, Lacan redimensiona a noção de castração de Freud quando a associa não somente ao medo da perda de um órgão, mas, precisamente, à perda do falo. Assim, a falta do objeto comporta três diferentes tipos de experiências: castração, privação e frustração. Igualmente, ele critica Winnicott quando este considera apenas a frustração como experiência associada à falta do objeto, por ela corresponder mais à experiência de um dano ou ferimento, o que, segundo Lacan, aponta para a noção de um objeto real, e não imaginário.

De qualquer maneira, podemos constatar que tanto Lacan quanto Winnicott privilegiam a noção de falta do objeto, na medida em que os dois defendem a ideia de um espaço intermediário entre a mãe e o bebê, embora, na realidade, essa separação ocorreria em tempos distintos. Lacan, por exemplo, parte do pressuposto central da falta do objeto, da ideia de que a separação entre o eu e o outro se apresenta desde o momento inaugural da vida psíquica, enquanto, para Winnicott, essa separação se faria de maneira progressiva, razão pela qual este nos fala de um estado de dependência absoluta do bebê em relação ao ambiente rumo ao estado de independência.

Essa grande divergência sobre o tempo da separação entre o bebê e sua mãe se torna mais clara quando comparamos o conceito lacaniano de objeto "a" ao conceito winnicottiano de "objeto transicional".

No Seminário VII, "A ética da psicanálise" (1959-1960/1986), Lacan introduziu o novo conceito de objeto "a", que, segundo P.-L. Assoun (citado por Klautau, 2002), poderia ser considerado uma tentativa da teoria lacaniana de responder à teoria da relação de objeto. Na realidade, ele retoma a teoria freudiana do *das Ding*, que pressupõe uma perda, uma expulsão do elemento original do sujeito, que, quando rejeitado, torna-se parte da realidade externa estranha ao sujeito. Assim, esse espaço da falta, do vazio, da expulsão do *das Ding*, chamado de "a" por Lacan, seria, na realidade, um elemento fundador da constituição psíquica do sujeito. É nesse sentido que Lacan vai supor que a criança ocupa o lugar do objeto "a", na medida em que ocupa o lugar do objeto que supostamente parece faltar à mãe: o falo.

Por outro lado, temos o objeto transicional de Winnicott, que não representa verdadeiramente o "vazio" ou a "falta" irrepresentável descrita por Lacan como objeto "a". Na realidade, ele representa preferencialmente a metáfora da ausência progressiva da função materna, visto que, segundo a teoria winnicottiana, é imprescindível que esta separação necessária entre o bebê e sua mãe se faça pouco a pouco e de maneira contínua, isto é, respeitando o ritmo das necessidades físicas e psíquicas do bebê. Isso porque quando a ausência do objeto materno se dá de maneira abrupta e sem previsibilidade, o bebê não registra a vivência de uma *separação*, mas a de uma *ruptura* de seu processo psíquico.

Apesar de encontrarmos pontos de divergência entre os dois autores, podemos também observar um ponto em comum entre esses teóricos, na medida em que ambos preconizam a ideia de que a imagem do outro é constitutiva da formação do eu. Lacan, por exemplo, insiste no fato de que a única maneira de o sujeito aceder ao registro do imaginário é por meio da imagem especular do outro. Ele diz:

> *Para a criança, contrariamente ao que se acredita, há em primeiro lugar o simbólico e o real. Se vocês acreditam que a criança é mais cativa do imaginário do que do resto, vocês têm razão em certo sentido, o imaginário está ali... Mas ele nos é absolutamente inacessível. Ele só nos é acessível a partir de suas realizações no adulto. (1954/1975, p. 244)*

Já Winnicott (1971/1975c) faz referência ao estádio do espelho de Lacan quando evoca a função do rosto da mãe no processo de constituição psíquica do bebê. Winnicott desenvolve a ideia de que o bebê vê surgir no rosto da mãe a sua própria imagem: "a mãe olha o seu bebê e o que o rosto dela exprime está em relação direta com o que ela vê" (p. 155). Por outro lado, ele chama a atenção para o fato de que pode ser que alguns bebês não recebam da parte de suas mães um retorno das mensagens que estão enviando, quando essa mãe se encontra em um estado de recolhimento ou indisponibilidade psíquica.

Assim, constatamos que Winnicott atribui uma importância particular aos conteúdos do bebê enviados pela mãe. É nesse sentido que ele afirma que o rosto da mãe não se limita apenas a uma imagem especular ou a um espelho, como nos diz Lacan: ele representaria de preferência as expressões das primeiras trocas entre o bebê e sua mãe. Trata-se, então, de um processo de dupla direção, no qual a formação do eu se alterna com a descoberta e a exploração do mundo, o que vai na direção dos estudos atuais sobre a clínica psicanalítica com bebês, que se apoia nos conceitos de *intersubjetividade* e *interpsíquico.* Dito de outro modo, o bebê se constitui graças à mãe, da mesma maneira que a mãe se constitui graças ao bebê, ou, como nos dizia Winnicott, o bebê faz a mãe assim como a mãe faz o bebê.

Finalmente, podemos concluir que, apesar dos pressupostos distintos de Lacan e Winnicott, os dois fornecem elementos importantes para pensar que a constituição psíquica do bebê não se faz sem a presença do objeto primário ou primordial, representado pela figura materna. Portanto, nos propomos a aprofundar essa questão no próximo capítulo, privilegiando a reflexão sobre esses temas na relação pulsão *vs.* objeto.

3. A relação pulsão-objeto

Quando abordamos as questões referentes à construção da relação objetal da criança e seus desdobramentos no processo de construção do brincar simbólico, somos convidados a evocar o papel da pulsão e do objeto no desenvolvimento da vida psíquica do bebê. Pudemos observar, no capítulo anterior, que é graças ao encontro mãe-bebê que a função da pulsão e a do objeto podem se desenvolver.

Neste capítulo, propomos levantar algumas hipóteses desenvolvidas por alguns psicanalistas contemporâneos como Jean Laplanche, André Green, René Roussillon e Sara Botella, os quais nos oferecem novas perspectivas teóricas para pensar a relação objetal como um sistema evolutivo resultante da "transação" entre o sujeito e o objeto.

A sedução como objeto-fonte da pulsão

Laplanche (1984, 1986) introduz a hipótese de que a sexualidade da criança não pode ser despertada sem a presença da figura materna.

Na medida em que ela cuida de seu filho, exerce uma função de sedutora, responsável por despertar a pulsão sexual do bebê. Dessa maneira, Laplanche (1986) preconiza que o objeto-fonte não tem origem biológica, mas é instaurado a partir da "sedução originária". Ele define esse termo como "significantes não verbais", bem como verbais, ou mesmo comportamentais, impregnados de "significações sexuais" (Laplanche, 1984). Assim, seria a transmissão sexual inconsciente que constituiria a situação originária como situação de sedução.

É nesse contexto que Laplanche critica Freud por ter deixado de lado sua "neurótica" em vez de aprofundar essa teorização. Para ele, isso se deve ao fato de Freud não ter desenvolvido plenamente a diferenciação entre manobras sexuais ditas perversas e a generalidade da situação de sedução. Como evocamos no Capítulo 1 deste trabalho, Freud não trata com profundidade as questões referentes à interação entre a mãe e o bebê

Laplanche nos propõe aprofundar essa questão sob um ângulo diferente do de Freud, tomando a mãe como um objeto sedutor, ao ser possuidora de um seio tanto erógeno quanto erótico. Nessa perspectiva, pode-se supor que o ato de sugar não se limita à satisfação de uma necessidade (fome).

Ao considerar que o seio é a zona erógena principal da mulher, pode-se pressupor que, desde o instante em que ele é apresentado ao bebê, a mãe carrega com ele toda uma carga de mensagens enigmáticas em relação ao seu próprio inconsciente. Essas mensagens dizem respeito, evidentemente, à própria sexualidade materna, sexualidade esta compreendida segundo a perspectiva psicanalítica. O objeto-fonte, assim, é acionado a partir desse jogo de "sedução" *estabelecido* e *iniciado* pela mãe.

Observamos aqui a posição laplanchiana, que tende a privilegiar a posição materna como determinante no estabelecimento da dinâmica relacional, parecendo não levar em conta o papel participativo do bebê, como preconizam alguns psicanalistas contemporâneos, que se apoiam na leitura do intersubjetivo e do interpsíquico, tema a que retornaremos no capítulo seguinte deste livro.

Laplanche critica o esquema do *apoio* apresentado por Freud ao alertar que seria inconcebível pensar que a sexualidade pudesse emergir biologicamente da pulsão de autoconservação, distanciada da finalidade e do objeto. Em sua obra *Novos fundamentos para a psicanálise* (1987a), ele ilustra sua posição teórica discordante de Freud ao afirmar:

> *Temos aqui uma espécie de cebola da qual a película superficial destaca uma flor de onde se destacaria uma pétala. Assim, para sintetizar o que queremos dizer, a cebola não se descasca sozinha, é a sedução que vai descascar, sobre a autoconservação, uma película que se pode dizer sexual. É a sedução que descasca a cebola da autoconservação, e não a autoconservação que, por meio de um movimento endógeno, se clivaria. (p. 142)*

Dessa forma, Laplanche redimensiona o esquema do apoio pela categoria da sedução originária, ao afirmar que a sedução seria o único objeto-fonte da pulsão:

> *O apoio, eu tento subvertê-lo, devolvê-lo para a sedução. Mas isso que é revolvido pela sedução é também toda a estrutura, insisto nisso porque a relação autoconservadora ou terna não seria descrita como simplesmente pulsional seguindo o velho modelo... seu objeto-fonte, o outro está na origem da pulsão. (1999, p. 79)*

Assim, a fonte da pulsão torna-se, de certa forma, excitação exógena ante a implantação de um corpo estranho. Laplanche insiste, nesse momento, no fato de que a fonte não é mais um lugar do corpo de onde irromperam, em proximidade, dois processos, dos quais um seria autoconservador, e o outro, sexual. Tampouco seriam traduções psíquicas que brotaram de acordo com uma evolução de fantasias e pulsões endógenas, como nos propõe a teoria kleiniana.

Nessa perspectiva, a questão que se coloca é saber: por que certas partes do corpo do bebê são mais investidas que outras pela mãe? Por que razão, também, certos pontos do corpo ganham um *status* de zona erógena mais que outros?

É possível que a resposta a essa questão se encontre nas origens da fantasia materna, que é acionada no momento do encontro com a criança. Assim, podemos presumir que a mãe que se "presentifica" não é somente um "objeto real", mas uma mãe provida de um inconsciente, um pré-consciente e fantasias que são responsáveis pela constituição do inconsciente da criança. Laplanche (1984) afirma que "as zonas erógenas são, portanto, objeto de cuidados impregnados de fantasias essenciais do adulto" (p. 12), o que caracteriza o lugar da fantasia materna como fundante e constitutiva da vida psíquica do bebê.

E é nesse contexto que ele nos fala da fantasia como um "representante representativo" da sexualidade materna, que é recalcado pela mãe e se inscreve no inconsciente do bebê por meio de mensagens enigmáticas. Dessa maneira, a realidade do outro se torna o verdadeiro objeto de provação, na medida em que traz gradualmente algo de estrangeiro ao sujeito, que é, em si mesmo, confuso e excitado por essa assimetria.

Laplanche afirma que, contrariamente a Freud, ele não atribui o "autoerotismo" a um estado de ausência total do objeto, uma vez que o estado autoerótico, compreendido como uma das fases da sexualidade infantil, pressuporia a presença de um objeto fantasiado. Dessa maneira, segundo ele, o processo primário não é primário na vida, ele está em correspondência com o processo secundário; isso quer dizer que eles são constituídos ao mesmo tempo, o que implica supor que, desde o início da vida, já haveria traços de sexualidade.

Essa leitura de Laplanche nos conduz a novas perspectivas sobre a importância do papel da figura materna, tomada como o objeto sedutor, responsável pelo despertar das pulsões sexuais do bebê. Em contrapartida, também podemos colocar questões no sentido contrário: quais são os conteúdos protossimbólicos enviados pelo bebê responsáveis por suscitar na mãe determinadas fantasias? Por exemplo, observamos frequentemente, no trabalho de intervenção precoce, que bebês que apresentam quadro clínico de retraimento relacional e que, portanto, são pouco responsivos aos investimentos maternos despertam na mãe um sentimento de impotência, por se sentir incapaz de desempenhar, de maneira satisfatória, sua função como objeto maternante. E, ainda, o que explicaria o fato de que certos bebês, desde um tempo muito precoce de vida, se mostram indiferentes aos investimentos libidinais de suas mães? Ao levantarmos essas questões, somos convidados a questionar o papel do bebê no processo de construção de suas relações objetais e sua função no processo de acesso à intersubjetividade.

Para responder a essas perguntas, buscamos nos apoiar em referenciais teóricos de outros psicanalistas, como André Green (1990/1995), que parece privilegiar o papel do bebê na construção da vida psíquica, na medida em que ele toma o objeto não apenas como "fonte da pulsão", mas, sobretudo, como "revelador da pulsão". Isso implicaria considerar que os elementos constitutivos da vida psíquica do bebê não se reduziriam às mensagens e fantasias enigmáticas enviadas pela mãe, visto que o bebê carrega consigo, desde os tempos primórdios da vida, mensagens e conteúdos próprios que são desvelados no momento do encontro com o objeto materno.

A importância do objeto na composição da dinâmica pulsional

De acordo com Green (1988/1995a), não é porque a mãe desempenha um papel de objeto primordial absoluto, ao ter como função satisfazer as necessidades primárias do bebê – em virtude de sua imaturidade fisiológica e do seu estado de *desamparo originário* –, que ela não deverá levar em conta a existência de organizações próprias e arcaicas do bebê. Em outras palavras, isso implica considerar que o bebê carrega consigo "conteúdos" que lhe são próprios, o que explicaria o fato de que um mesmo objeto não produz o mesmo impacto em outro sujeito.

Dessa maneira, seria possível supor que é no cerne do próprio sujeito que se deve buscar a explicação para a tendência a uma organização psíquica do tipo patológico? Neste caso, seria possível formular a hipótese de que entraves no processo subjetivo do bebê ou, ainda, certas patologias, como autismo, culminariam pela presença de uma provável fissura originária da pulsão oriunda da própria criança? Ou mesmo de uma falha na organização do tempo pulsional, como nos propõe Laznik (1992) quando associa a causa do autismo ao fracasso do terceiro tempo do circuito pulsional descrito por Freud (tema retomado no Capítulo 5)?

Essas questões nos remetem à posição de Green (1988/1995b) de que "a pulsão teria uma forma de auto-organização" e, por essa razão, o papel do objeto seria equivalente a um agente indutor ou catalisador da ligação, permitindo assim a transferência para a atividade interna de modificações ocasionada pelos encontros do eu e do objeto. Isso quer dizer que o objeto também teria alguns traços comuns com a imagem idealizada interna do sujeito, o que nos leva a pensar que a relação entre a pulsão e o objeto não está ligada à "causalidade", mas, principalmente, a uma "relação", isto é uma relação com o objeto".[1] Isso atribui ao eu a capacidade de se ligar tanto ao cerne das relações intrapsíquicas, ligação interna à constituição do eu, quanto ao cerne das *relações intersubjetivas*, em ligação com os *objetos externos*.

Entretanto, Green (1988/1995a) chama a atenção para a importância de não se reduzir o objeto às duas categorias, interna e externa, mas principalmente de "levar em conta a dupla polaridade do objeto, seu duplo pertencimento ao mundo interno e ao mundo externo". Isso nos remete à teoria winnicottiana de objetos transicionais como uma área intermediária que não pertence nem ao mundo externo, nem ao mundo interno.

Para Green, o paradoxo entre o objeto interno e o objeto externo se explicaria pela internalização do *objeto externo*. Este, internalizado, imprimiria no aparelho psíquico uma "matriz fundamental" nomeada de "estrutura enquadrante da representação". Ela seria suscetível a receber as múltiplas inscrições deixadas por traços mnêmicos da experiência de satisfação, incluindo tanto os componentes visuais e auditivos, assinalados por Freud no "Projeto...", quanto as impressões gustativas, olfativas, táteis, cenestésicas e, sobretudo, sinestésicas.

É por essa via que Green nos fala da diferença entre a *relação de objeto* e a *função objetalizante do objeto*. Por relação de objeto, temos prioritariamente as relações que sempre implicam o objeto enquanto tal, ao passo que a ideia da "função objetalizante" remete à hipótese

---

1 Vale frisar que o autor enfatiza a diferença entre "*relation à l'objet*" e "*relation d'objet*", com o intuito de enfatizar o papel da relação pulsão-objeto como algo bilateral, com a pulsão tendo um papel tão importante quanto o do objeto na construção das relações objetais, ao contrário da ideia de "relação de objeto", que nos remete a uma relação pulsão-objeto mais próxima da dinâmica intrapsíquica. Na língua portuguesa, o que mais corresponderia à ideia de "*relation à l'objet*", seria "relação com objeto" Esse mesmo apontamento foi explicitado no Capítulo 2, quando nos referimos aos conceitos de Winnicott, lembrando que o grande tradutor e transmissor da obra winnicottiana na França foi A. Green.

de que o objeto exerceria o papel de "revelador da pulsão". "Em suma, o objeto, revelador das pulsões, faz destas as reveladoras das primeiras formas do sujeito" (1984/1995, p. 239). Porém, para que possamos saber algo sobre a pulsão, ele enfatiza a importância do objeto que vem a faltar.

Enfim, para esse autor, o conceito de pulsão não mais se limitaria ao conceito-limite entre o sujeito e o objeto, posto que a pulsão, quando colocada em atividade, seria ela mesma responsável pela criação do objeto externo, de acordo com a dialética do "encontrado--criado" proposta por Winnicott.

Nessa mesma perspectiva, a posição de Roussillon (1999) nos convida a falar de "*relação com objeto*" no lugar de "*relação de objeto*". Entretanto, diferentemente de Green e mais próximo da concepção winnicottiana, ele nos diz que a atividade representativa do bebê não se constituiria apenas a partir da ausência do objeto, mas também pela sua presença, ou seja, pelos meios de troca com o outro para a construção de uma relação com os objetos do mundo e de seu ambiente. "O modelo geral emerge de uma função reflexiva de repostas do objeto aos anseios, desamparos e pulsões do sujeito. É no modo da presença de objetos desta vez que o sujeito deve buscar os materiais de sua atividade representativa, e não apenas na sua ausência bem equilibrada" (p. 173).

Roussillon se apoia na teoria do "uso do objeto"[2] de Winnicott para compreender a dialética entre os processos psíquicos do sujeito

2 É importante enfatizar que Roussillon apoia-se no conceito de Winnicott de "uso de objeto" (*object usage*). Na edição francesa, o termo original *object usage* é traduzido como "*l'utilisation de l'objet*". Roussillon, assim, costuma utilizar esse termo, porém se observa que algumas traduções da obra do autor em português optaram pela tradução literal do francês, resultando no termo "utilização do objeto". No entanto, optamos por manter o nome "uso do objeto", compreendendo que essa opção seria mais fidedigna à ideia do autor, que permanece fiel ao referencial winnicottiano.

e os ecos necessariamente recebidos da parte do ambiente. Dessa maneira, Roussillon postula que o "objeto teria uma função simbolizante", ou seja, que a transformação da ilusão e da destrutividade, em termos representativo e simbólico, não poderia se efetuar sem a presença do objeto.

Na realidade, a presença dos objetos externos será determinante para que a criança possa encontrar um meio de tamponar a distância que sempre se instaura entre os processos de "encontrar" e "criar" o objeto. Assim, mesmo se o objeto primário não conseguir mais atender às necessidades de seu bebê, quando a preocupação materna primária começa a se mostrar falha, o próprio objeto vem "propor" ao bebê novos objetos, "com a finalidade de acalmar aquilo que vem lhe faltar... Essa 'proposição' de objeto é essencial para a possibilidade de o bebê utilizar esses objetos para simbolizar a falta do objeto primário" (p. 178).

Dessa maneira, é por intermédio do objeto que a criança poderá abrir o campo da diferenciação entre "relação com o objeto" e "uso do objeto". Roussillon afirma: "Por meio da proposta de outros objetos, o objeto começa a abrir o campo da diferenciação entre relação com o objeto [*relation à l'objet*] e uso do objeto" (p. 179). Isso nos remete ao conceito da função de "apresentação do objeto" de Winnicott e às funções do *holding* e do *handling*, que exercem um papel definitivo na constituição da realidade subjetiva da criança.

Assim, para Roussillon, a dificuldade central do trabalho de simbolização é devida ao fato de que "o objeto para simbolizar será também o objeto a ser simbolizado: é com o próprio objeto que se deve simbolizar o impacto do objeto" (p. 227). Em outras palavras, o processo de simbolização do objeto-outro (objeto materno) ocorre *por meio dele próprio*. Isso justificaria a razão pela qual o objeto deve aceitar se deixar utilizar ao mesmo tempo que deve propor uma diferença entre a própria coisa e a coisa para jogar. "O objeto que se apresenta como objeto deve suportar ser 'utilizado' como objeto '*para*' simbolizar" (p. 227, grifo nosso).

Parece, neste caso, que a teoria da pulsão implica uma teoria de descarga produtora de prazer para o eu, mas se acrescentando a isso uma teoria da pulsão que "se esvazia" na direção do objeto. A satisfação da pulsão é pensada em função da descarga, mas também em função da maneira como a "mensagem" vetorizada é recebida e significada pelo objeto, segundo o modo de recepção e partilha pelo objeto de prazer assim implicado, desempenhando, então, seu papel de objeto a simbolizar.

Roussillon (2001), ao levantar a questão do processo de diferenciação eu-outro como base da realidade psíquica, nos propõe abordar a existência de um "sexual precoce ou arcaico". Dessa maneira, quando nos baseamos na hipótese da existência de um sexual "primordial" no sujeito, nos parece pertinente interrogar de que natureza seria essa relação primária que se constituiria com o objeto. Seria ela autoerótica ou heteroerótica?

Para responder a essa questão, Roussillon se apoia no conceito winnicottiano do "encontrado-criado", implicando a coincidência de um processo alucinatório "auto", ou seja, o "criado" da criança, com uma adaptação adequada do ambiente materno, cujo seio "criado" é efetivamente "encontrado". Assim, a única condição para que a alucinação se transforme em ilusão de autossatisfação é, necessariamente, a presença de um objeto heteroerótico.

Ele preconiza o conceito da homossexualidade em dupla ou "homossensualidade primária em dupla", ou seja, o bebê vivencia, primeiramente, o encontro com o objeto, por meio de suas experiências sensoriais. Isto é, por meio do toque, do olhar, do olfato e da sonoridade da voz materna, gradativamente o bebê vai registrando, em seu corpo, marcas que lhe permitem ir construindo o material psíquico da simbolização primária. Sob essa perspectiva, Roussillon descreve a importância de que o objeto materno seja capaz de aceitar jogar, de maneira satisfatória, a função especular primária, o que implica considerar que é necessário que esse objeto venha a se ajustar à imagem de um "duplo" do bebê, de um duplo no sentido de um "semelhante", mas não "idêntico".

Roussillon ainda afirma: "um duplo deve ser suficientemente semelhante para ser um duplo de si, mas deve ser também suficientemente diferente para não ser propriamente ele mesmo".[3] Nesse sentido, o autor enfatiza a importância da presença do objeto materno como revelador das "pulsões mensageiras", ou seja, dos próprios protorrepresentantes psíquicos carregados pelos bebês, o que supõe que o processo de subjetivação do bebê se daria pelo registro da presença do objeto, e não pela sua ausência, uma vez que o objeto teria ele mesmo uma "função simbolizante" na medida em que estaria apto a revelar e transformar essas mensagens enviadas pelo bebê, o que implica considerar que a transformação da ilusão e da destrutividade, em termos representativos e simbólicos, não poderia se efetuar sem a intervenção do objeto.

Dessa maneira, compreendemos que o "sexual primordial" dependerá integralmente do sexual materno, inclusive de suas próprias regulações, que se manifestam segundo as respostas da qualidade da presença do objeto, ao exercer um papel de "espelho". Ideia esta que se aproxima do conceito de Winnicott que ressalta o papel do rosto da mãe como função simbolizante do material enviado pelo bebê, ou ainda do conceito de "*revêrie* materna" de Bion, que parte da hipótese de que, para se metabolizar a pulsão no sistema psíquico, é necessário que haja um objeto ao qual a pulsão possa se ligar.

---

3 Anotações pessoais da autora no âmbito do curso "Un concept pour la thérapie des souffrances psychiques: l'analyse du moi", oferecido pelo centro de pesquisa em psicopatologia e psicologia clínica da Université Lumière de Lyon em 2021 (em formato de videoconferência).

Partindo dessa hipótese, como considerar o estado do autoerotismo como anobjetal? Roussillon chama a atenção para a aparente contradição de Freud em *Três ensaios...* (1905/1987), em que ele evoca a realização da satisfação autoerótica graças a uma satisfação obtida com o objeto, por exemplo, quando sugere um paralelo entre a imagem do sorriso de satisfação do bebê, expresso após ter mamado no seio de sua mãe, e a imagem da expressão de satisfação sexual do adulto. Nesse mesmo texto, Freud se opõe a essa ideia quando afirma que a sexualidade infantil se desvela por apoio e seria, portanto, autoerótica e anobjetal (como já evocamos no Capítulo 1).

Vemos assim, de acordo com Roussillon, que haveria para Freud dois momentos de existência da satisfação sexual: um primeiro na presença do objeto, no encontro com este, na medida em que a experiência de satisfação do bebê é aqui proveniente do seu encontro com o objeto; depois, um segundo momento em que o bebê toma uma parte do seu corpo como objeto de satisfação (o bebê suga seu dedo na ausência do seio).

À luz dessa contradição de Freud, Roussillon nos propõe pensar que o "sexual primordial" deve ser considerado em dois tempos estruturais: o primeiro tempo chamado "tempo alucinatório", "na presença do objeto", e o segundo, *après-coup*, o "tempo erótico", na "ausência do objeto", tempo no qual a criança está apreendendo a experiência primeira, durante o qual ela encontra, ainda, a experiência de interiorização, de apresentação de si e de representação.

Dessa maneira, podemos deduzir que a satisfação autoerótica resulta de uma "apresentação" alucinatória, que nada mais é do que a própria *retomada da satisfação obtida com o objeto*. Dito de outro modo, a passagem da "alucinação perceptiva" para uma simples "representação de coisa" ocorre graças à função de "para-excitação" proposta à medida que os objetos externos se presentificam. Cabe assinalar que Roussillon parte do conceito de alucinação winnicottiano, que, como vimos no capítulo anterior, corresponde ao aumento de uma tensão "pulsional", e não à constatação da ausência do objeto: ela é, portanto, independente da realidade do objeto.

Roussillon (2001) enfatiza ainda, como mencionamos anteriormente, que as próprias experiências autossensuais, ou seja, subjacentes ao prazer do autoerotismo, não escapam à necessidade da experiência do prazer compartilhado, associado à relação homossexual primária. "A experiência de satisfação oriunda da satisfação das necessidades de autoconservação só é possível enquanto tal se essa satisfação estiver inscrita na essência de uma troca com o objeto, uma troca na qual a participação sensual e erótica de dois parceiros é indispensável" (p. 1384).

Dessa maneira, Roussillon afirma que a percepção, antes de ser "psíquica", é inicialmente um "processo somático": ela não pode ser imediatamente consciente. Segundo Freud (citado por Roussillon, 1999), a consciência perceptiva seria um processo construído ao longo de toda a sua travessia da psique, sendo investida pelo id, o que lhe dá um caráter pulsional. Isso quer dizer que ela é contextualizada, fantasmaticamente, pelas representações inconscientes e, portanto, significada e secundarizada pelo sistema pré-consciente.

Contudo, Roussillon acrescenta que, antes que o pensamento se torne apropriável, quando ainda está no registro das sensações, é possível observar um duplo movimento da pulsão: uma parte que procura a direção do objeto e outra parte que retorna, recaindo sobre o eu. Esse movimento de retorno parece dar a falsa impressão de que as percepções vêm do exterior, visto que o eu constrói o sentido do real ao mesmo tempo que apaga os sinais do trabalho da percepção.

Então, se tudo vem do aparelho psíquico, como a psique pode diferenciar uma "percepção" de uma "ativação alucinatória"? Sara Botella (2007) evoca essa questão quando afirma que o próprio objeto não vem de fora. Na realidade, seu impacto seria "sensorial", o que faz com que o objeto externo se inscreva de imediato na profundeza do psiquismo, e mesmo na profundeza do afeto. Entretanto, sob o efeito do paradoxo "dentro-fora", o eu tenderá a escolher apresentar a percepção como vinda do exterior.

Assim, a matéria-prima do psiquismo, o traço mnêmico, a fonte do trabalho psíquico deve ser concebida como uma mistura entre o que vem de dentro (sensações, afetos, moções pulsionais) com aquilo que vem de fora (percepções provenientes do objeto e sensações e excitações "produzidas" pelo encontro com o objeto).

> *Quer se trate de uma resposta direta ou indireta a estímulos vindos do interior ou do exterior, de uma problemática narcísica ou objetal intrapsíquica ou intersubjetiva, são os traços das primeiras respostas aos contatos (odor, toque, olhar, voz) que garantem o funcionamento do julgamento de qualidade regido pelo princípio de prazer. (Botella, 2007, p. 32)*

Partindo da mesma perspectiva que Botella, a saber, a de que o objeto não viria apenas de fora, mas seu impacto seria de natureza "perceptivo-sensual", Roussillon (1999) nos propõe uma nova analogia para pensar a construção do mundo subjetivo da criança, não mais por meio do paradoxo do objeto "encontrado/criado", mas principalmente do objeto "destruído-(re)encontrado". Isso implica considerar que o objeto não seria encontrado, mas (re)encontrado, posto que o objeto estaria de imediato já presentificado via essas experiências sensoriais que servem de base para o simbolismo primário.

Nessa mesma perspectiva, vale citar o trabalho de Geneviève Haag (2018, p. 384), quando diz que "não haveria vida pulsional sem objeto e tampouco objeto sem vida pulsional", ao descrever que essa experiência de objeto se daria desde a vida pré-natal. A autora ressalta que as experiências autoeróticas culminam das próprias experiências sensuais, notadamente as experiências sonoras, sensoriais e labirínticas, como Winnicott descreve em termos da ritmicidade de "fluxo e refluxo", no processo de construção do sentimento de segurança de base.

Haag insiste em que as experiências sensoriais vivenciadas nos primeiros tempos de vida do bebê serviriam como arcabouço para a construção do eu corporal. Ela descreve a importância de o bebê poder compilar e organizar suas diferentes experiências sensoriais, num registro conhecido como "polissensorialidade sincrônica". Por meio dessa integração dos diferentes fluxos sensoriais, o bebê constrói as primeiras formas esféricas desse primeiro tempo pulsional, no qual há um movimento em direção a um outro, sendo que o retorno da resposta desse *objeto-outro* condicionaria, ou não, a possibilidade da construção dessas primeiras imagens circulares e esféricas que, por sua vez, são marcadas pela presença rítmica do *vaivém* dos movimentos do bebê nas suas trocas interativas com o adulto, descritas por Haag (1985) como anéis ou circuitos relacionais (*boucles de retour*).

Retomando Winnicott, sabemos que a construção da exterioridade, para ele, não é verdadeiramente um processo "originário do ódio", mas, como desenvolvido no capítulo precedente, um processo ligado à "destrutividade". Isso implica supor que a exterioridade depende diretamente da resposta do objeto à destrutividade: o objeto deve sobreviver à destrutividade da criança para que ele possa ser jogado para fora do seu campo de "controle onipotente", constituindo a realidade externa. A partir dessa hipótese, podemos, então, atribuir uma nova perspectiva ao papel exercido pela criança na construção de sua realidade objetal, inclusive na sua relação com o mundo subjetivo-objetivo, na medida em que sabemos que a construção da realidade externa estará associada à capacidade da criança de destruir esses objetos.

Se a destrutividade provinda da criança exerce uma função primordial no trabalho de simbolização, uma eventual falha na introdução do aparelho de simbolização não estaria associada à "incapacidade constitucional à frustração" da criança, como postula Bion (1962/2003), mas à experiência a uma insuficiência de respostas do objeto primordial, que não permite que a criança (re)encontre o objeto destruído. Nesse contexto, a mãe não é mais tomada como a única a fazer o trabalho de simbolização da criança, como Bion nos propunha. Ao que nos parece, ao exercer a função de objeto primordial, a mãe de fato fornecerá as condições e pré-condições para que o sujeito possa fazer o trabalho psíquico. Isso quer dizer que o trabalho de simbolização da criança se realizaria também "por intermédio de um objeto externo", o que nos envia para o conceito da "apresentação do objeto" de Winnicott e para a "função simbolizante do objeto" descrita por Roussillon.

Em todo caso, podemos concluir que não se pode pensar em uma teoria da pulsão dissociada da teoria da relação de objeto, esta tomada pela perspectiva de sua dupla dimensão, isto é, sob o viés das realidades interna e externa. Isso implica atribuir menos importância aos objetos enquanto tais para privilegiar a qualidade emocional dos laços entre os objetos, o que implica reconhecer o bebê como responsável por seus sintomas na medida em que desempenha um papel participativo no processo de subjetivação.

Isso nos leva a concluir que o lugar do recém-nascido não é mais o de um simples receptor da mensagem do outro e dos objetos que vêm de fora. Somos aqui confrontados com as seguintes questões: até que ponto podemos atribuir ao próprio bebê a falha em estabelecer relação com o objeto? Seria possível pensar que os bebês que apresentam quadro de retraimento relacional ou dificuldade de se engajar na produção do brincar simbólico já teriam algo inato que os impediria de estabelecer trocas prazerosas com o adulto familiar? E tal dificuldade estaria associada a uma falha na instalação da "pulsão de agressividade", segundo a perspectiva winnicottiana, que impediria esses bebês em risco de autismo de se endereçarem ao objeto para destruí-lo, processo responsável pela distinção entre objetos subjetivos e objetos objetivamente percebidos?

Para aprofundar essas questões, faz-se necessário buscar ampliar nosso campo de pesquisa, na medida em que a complexidade do estudo da clínica de bebês nos obriga a visitar outros campos de saber. Dessa maneira, vamos nos basear em novas perspectivas teórico-clínicas originárias do cruzamento de diversos saberes, como as neurociências, a psicologia do desenvolvimento e a psicanálise, temas discutidos nos capítulos seguintes.

4. O conceito de intersubjetividade em suas diferentes perspectivas

Quando abordamos as novas perspectivas teóricas e clínicas, é importante levar em conta o conceito de "intersubjetividade", uma vez que ele nos fornece novos olhares para pensar as questões das origens e do comportamento do bebê desde os primeiros dias de vida.

O conceito de intersubjetividade compreende um "estado inicial psicossocial", ou seja, uma espécie de sensibilidade ou capacidade inata do recém-nascido para ter consciência da presença física e subjetiva do adulto familiar. A ideia de base é que a mente humana se constrói e se mantém graças ao fluxo das trocas interativas e intersubjetivas entre o eu e o outro; dessa forma, diríamos que não há mente e estado subjetivo sem interação contínua.

Esse conceito foi evocado, nos anos 1970, pelo pesquisador, biólogo e psicólogo Colwyn Trevarthen (1979), que realizava pesquisas de análise microdescritiva de bebês, com o intuito de analisar de forma precisa as expressões de seus corpos, de seu olhar e suas vocalizações em uma situação de interação com suas mães. Após essas primeiras pesquisas, Trevarthen constatou que, desde o nascimento, o bebê é capaz de produzir respostas em perfeita sincronicidade com a de seus pais. Nesse sentido, ele se contrapõe à ideia, até então predominante, de que o recém-nascido não teria ainda a concepção, representação ou ideia do esquema eu corporal-objeto, portanto, uma "consciência de si ou consciência do outro".

É nesse contexto que Trevarthen se oporá à hipótese defendida pela psicanálise de que haveria, nos tempos iniciais de vida do *pequeno infans,* um "estado de indiferenciação" ou, em outras palavras, um estado de "fusão absoluta" entre mãe e bebê. Trevarthen parte do princípio de que a "consciência de si" da criança seria inata, porque ela interage com pessoas e estas lhe atribuem uma verdadeira intenção quando ela ainda não a tem. "Na realidade, há muitos sinais no comportamento espontâneo do recém-nascido em favor de um estado psicológico bem integrado – de subjetividade e de intersubjetividade" (Trevarthen & Aitken, 2003a, p. 402).

Dessa maneira, Trevarthen critica todas as outras explicações sobre o aparecimento da intersubjetividade, particularmente a explicação construtivista, que não leva em conta nenhuma consciência dos humanos ou consciência compartilhada, que é altamente desenvolvida nos humanos. "O bebê nasce com uma consciência receptiva aos estados subjetivos das outras pessoas e procura interagir com elas" (Trevarthen & Aitken, 2003a, p. 312).

Parece, então, que o bebê teria uma espécie de "sociabilidade natural", ou seja, que ele seria programado geneticamente para procurar um contato humano, para interagir com o outro ao buscar despertar sua atenção. É provável, assim, que o comportamento do bebê não teria apenas um caráter "imitativo", mas também intuitivo e intencional. O que nos leva presumir que comunicação é *a priori* um produto de *contingências sociais* que precederia a própria experiência humana.

É importante assinalar que a sensibilidade do recém-nascido para se engajar em um movimento recíproco e intencional com sua mãe é devida à capacidade precoce do bebê de captar as variações melódicas da voz humana, fenômeno que foi designado por Trevarthen (1997) como "pulsão intrínseca da musicalidade" (*intrinsic motive pulse*). Segundo Trevarthen, esse fenômeno explicaria a capacidade de o bebê responder em sincronia ou mesmo em complementariedade com o ritmo da voz materna, o que daria ao ele o papel de participante ativo, um verdadeiro coadjuvante das cantigas infantis e das brincadeiras e interjogos da dupla mãe-bebê (*nursery play*).

Essas hipóteses ganham fundamentos quando Trevarthen toma conhecimento dos resultados da pesquisa de Catherine Bateson (1979), antropóloga e neurolinguista que constatou a existência de um diálogo precoce do registro pré-verbal chamado "protoconversação", expresso pelos bebês por meio de suas reações sensoriais e táteis. Os bebês tendem a ficar muito atentos às expressões do rosto materno, ao mesmo tempo que se mostram muito sensíveis à variação de ritmo da voz da mãe.

> *A descoberta da protoconversação forneceu-nos a primeira prova de que a intersubjetividade humana tem potentes raízes inatas. No entanto, não se trata do primeiro estado do sistema: os recém-nascidos são sensíveis à expressão humana desde que nascem. Na verdade, eles podem reagir a certas características do comportamento materno antes mesmo do nascimento. (Trevarthen, 1997, p. 86)*

É possível, então, constatar que os bebês com idade anterior ao aparecimento do balbucio (entre 3 e 6 meses) já nos mostram sinais da sua rica sensibilidade para a prosódia de palavras e os atos da mãe. Assim, podemos concluir que, depois dessa fase pré-linguística, o bebê apresenta uma grande variedade de antecipações respectivas e dramatizações expressivas complementares. As rimas e mensagens musicais da mãe revelariam o fato de que "os traços importantes da forma e da potência expressiva da poesia e da música são inatos e ativos no bebê" (Trevarthen & Aitken, 2003a, p. 337).

Da mesma forma que as canções de ninar despertam o interesse do recém-nascido, Bateson (1979) conclui que as crianças são muito sensíveis ao modo de linguagem particular das mães durante a protoconversação. Essa linguagem, chamada de "mamanhês" (Fernald & Simon, 1982), é comum a todas as mães do mundo quando elas conversam com seus bebês e se manifesta por meio de fórmulas melódicas, doces: a voz adquire um tom mais alto e a entonação é exagerada, em um ritmo que começa em adágio para andante, com longas pausas, poucas sílabas em cada palavra ou frase, articulações específicas e uma hiperarticulação de vogais.

Mais recentemente, os psicolinguistas confirmaram que essa capacidade não se limita às mães: os pais praticam igualmente, e muito bem, isso que chamam de *parent*ês (Fernald & Kuhl, 1987). Entretanto, o mamanhês se manifesta apenas no momento que a mãe ou o pai estão interagindo com o bebê: eles são incapazes de produzir esse tipo de prosódia em uma situação em que o bebê está ausente.

Recentes pesquisas mostraram também que as reações do bebê melhoram a ampliação das curvas prosódicas na mãe (Saint-Georges, 2011), o que vai na mesma direção das hipóteses sustentadas por Trevarthen, segundo as quais o bebê seria um participante ativo do "jogo precoce infantil" (*play nursery*).[1] Podemos, portanto, supor que um bebê que não reage muito acaba por suscitar, na sua mãe, uma incapacidade de produzir "mamanhês". É claro que, quando a comunicação da díade mãe-bebê é rompida de maneira muito precoce, há fortes chances de se manifestar uma organização psíquica

1 Essa ideia do *jeu de nursery* – "jogos precoces típicos entre mãe-bebê", defendida por Trevarthen, nos remete à do *playground* de Winnicott, como uma manifestação da brincadeira precoce do bebê.

que pode sugerir a presença de entraves do desenvolvimento ou até mesmo risco para uma evolução autística. É a razão pela qual, para alguns teóricos, o autismo seria provocado por uma falta de intersubjetividade, manifestada por uma falta de interesse para com "o que se passa na cabeça do outro". Na realidade, a criança age como se não imaginasse que outrem possa ter a mesma experiência que ela, o que faz com que o outro seja visto como um objeto físico.

Além disso, podemos também supor que o bebê pode, por vezes, ocupar um papel extremamente ativo, a ponto de influenciar uma mudança no comportamento da mãe. Em outros termos, isso deixaria supor que certos bebês podem, desde o início de sua vida, se mostrar aversivos ao contato humano: bebês que, por uma razão desconhecida, não se interessariam por estabelecer uma "protoconversação" com sua mãe, apesar de suas inúmeras tentativas. Por consequência, as mães investem cada vez menos na relação com a criança, até que haja uma ruptura total da díade mãe-bebê. Isso porque, à medida que são pouco investidas narcisicamente pelos seus bebês, as mães passam a não confiar mais na sua potencialidade para desempenhar de maneira satisfatória sua função maternante, contribuindo, assim, para que um verdadeiro desencontro e desajuste entre a dupla mãe-bebê se instale.

É importante citar outra pesquisa que se inscreve nessa mesma perspectiva de tomar o bebê como coautor nas trocas estabelecidas com o adulto: a de Nagy e Molnar (1994/2003). Esses dois pesquisadores húngaros decidiram analisar a frequência dos batimentos cardíacos de bebês com dois dias de vida em dois momentos específicos: primeiramente, o adulto interage face a face com o bebê e, num segundo momento, é convidado a olhá-lo atentamente, sem expressar nenhuma reação, durante dez minutos (*still face*). Os resultados de suas investigações revelaram variações importantes nas frequências cardíacas do bebê. Na realidade, foram constatados momentos marcados por aumento do ritmo cardíaco do bebê, que coincidiam com os momentos em que o bebê se preparava para imitar o adulto, e períodos marcados por uma baixa de ritmo cardíaco, constatados quando o bebê se mostrava mais atento aos movimentos do outro, na espera de momentos de trocas interativas. Esse comportamento específico do recém-nascido, consistindo em convidar o adulto a dar continuidade a uma relação de interação, foi chamado de "provocação" (*provocation*).

Fica a impressão de que esse comportamento seria pouco expressivo em bebês de alto risco autístico, o que confirma a hipótese de que os sinais precursores do autismo não se limitariam à ausência ou recusa do contato ou sorriso do bebê em uma situação de protoconversação, mas, sobretudo, estariam ligados à frequência desta sustentação do contato do olhar entre o bebê e o adulto de referência, tema este que voltaremos a discutir nos capítulos finais deste livro.

Enquanto Trevarthen defende a ideia da intersubjetividade como "programada e potencialmente inata", Stern (1989/2006) afirma que ela é adquirida ao longo da interação com o outro e com o ambiente. É a razão pela qual Stern se opõe à ideia da existência de uma "intersubjetividade primária no bebê". Ele insiste no fato de que o recém-nascido pode ser "programado" para ter consciência do processo de organização de si, no entanto, para que a intersubjetividade venha a se instaurar, faz-se necessário que antes ele seja "banhado" pela cultura e seus códigos.

Assim, segundo Stern, a organização de *senso de si* ou do vínculo interpessoal seria constituída por quatro domínios:[2]

1. "o senso de um si emergente", que se constituiria aos 2 meses;

2. "o senso de um si nuclear", que se formaria entre 2 e 6 meses;

2 É importante assinalar que Stern prefere o termo "domínio" em vez de "nível", posto que esse último, segundo ele, tem um caráter mais hierárquico associado a um plano ontogênico, a despeito da esfera da vida social tal como a experiência é feita.

3. "o senso de um si subjetivo", que se formaria entre 9 e 15 meses;
4. "o senso de um eu verbal", que se constituiria mais tarde.

Stern ainda acrescenta que esses quatros sensos de si não devem ser considerados como fases sucessivas que se substituem mutuamente, posto que a intersubjetividade, uma vez adquirida, continuará a se desenvolver ao longo da vida do sujeito. "O senso de si constitui a perspectiva organizadora primordial da experiência social e por consequência se encontra agora na dianteira enquanto fenômeno predominante do desenvolvimento social precoce" (p. 22).

Nesse sentido, cabe-nos interrogarmos sobre a relação entre a noção de "sentido de um si emergente" evocada por Stern e a de "potencial inato" da teoria winnicottiana. Do nosso ponto de vista, é possível pensar em uma eventual similaridade entre esses dois conceitos, ao constatarmos que tanto Stern quanto Winnicott defendem a ideia de que o recém-nascido vem ao mundo com uma "condição programada" ou "um potencial inato" para aceder à intersubjetividade ou à realidade subjetiva, que se estabelece na medida em que a criança interage com o outro e com o ambiente.

Aliás, podemos ainda acrescentar outro ponto comum entre esses dois teóricos: tanto o "sentido de si" de Stern quanto o "núcleo do eu primitivo" de Winnicott não decorreriam de experiências do desenvolvimento libidinal do sujeito. É a razão pela qual Winnicott insiste no fato de que o responsável pela instauração da relação de objeto seria o eu primitivo, e não o contrário, como evocamos no Capítulo 2. Essa hipótese parece convergir com a posição de Stern, que considera o "sentido de si" um princípio organizador central da relação do sujeito com o outro.

Em contrapartida, Stern, diferentemente de Winnicott, se opõe radicalmente aos conceitos da psicanálise clássica, como eu, id e pulsão. Para Stern, seria inadmissível considerar, no começo da vida do bebê, a existência de um estado de fusão ou de indiferenciação entre o recém-nascido e o outro pois, para ele, o bebê tem, desde o seu nascimento, uma capacidade de perceber, de representar, a ponto de se sentir como o próprio "agente de suas ações", sem que tenha necessariamente de recorrer ao dogma de uma indiferenciação psíquica inicial entre mãe e bebê. Stern afirma "Eles nunca vivem um período de indiferenciação total si/outro. Nunca há confusão entre o eu e o outro no início e ao longo da primeira infância. Eles estão pré-programados para responder seletivamente aos acontecimentos sociais externos e nunca passam pela experiência de uma fase do tipo autística" (p. 21).

Assim, de acordo com Stern, as experiências de união inicial entre mãe e bebê são consideradas o sucesso da organização ativa da experiência do eu com o outro, e não o produto de um fracasso passivo da capacidade de diferenciar-se. É a razão pela qual Stern critica fortemente a escola kleiniana da relação de objeto.

Nessa perspectiva, ele afirma que, muito cedo na vida, o bebê tem uma consciência e uma sensibilidade para reconhecer "*as diferentes modalidades* de sons, de imagens e de toque" que vêm de si mesmo e de um outro como fenômenos separados, cada um com sua estrutura temporal particular. De fato, não se trata simplesmente de uma tradução direta de uma modalidade para outra, posto que a criança transcende o modo ou a modalidade existente de uma maneira transmodal desconhecida. É o que Stern define como "percepção amodal":

> *Isso evidencia, antes de tudo, um jogo de codificações em uma representação amodal ainda misteriosa, que pode depois ser reconhecida em qualquer modalidade sensorial... O bebê não tem necessidade de experiências repetidas para começar a construção de alguns dos elementos do eu e de um outro emergente. (pp. 74-75)*

Stern acrescenta que os diálogos estabelecidos entre a mãe e seu filho não são baseados em sucessões de repetições exaustivas de um e de outro. Na realidade, quando analisamos de perto alguns segundos de interação entre a mãe e seu bebê, podemos constatar uma alta presença de comportamentos de imitação. Por exemplo, se o recém-nascido vocaliza, a mãe vocaliza de volta; se o recém-nascido faz careta, a mãe tende a lhe responder da mesma maneira. Porém, além das simples imitações, podemos observar que a mãe introduz constantemente modificações nas imitações cada vez que ela intervém nesse diálogo.

Nessa perspectiva, Stern desenvolverá sua hipótese de que o diálogo precoce estabelecido entre a díade mãe-bebê não se constituiria simplesmente por expressões de comportamento de imitação, mas, sobretudo, por acontecimentos que provocam uma modificação no outro ao fornecer-lhe novos padrões comportamentais que ele não tinha antes ou reforçando-os caso já existisse. Na realidade, esse tipo de acontecimento, considerado uma forma de expressão da intersubjetividade, foi designado por Stern como "sintonia afetiva", correspondendo mais à ideia de "sensações" compartilhadas por mãe-bebê que simplesmente aos "comportamentos manifestos". Como diz o autor: "A imitação traduz a forma, a sintonia afetiva traduz a sensação. A simples imitação não é suficiente para que haja a reação de uma troca subjetiva, quando se tem em jogo o afeto" (p. 182).

Stern acrescenta que, em sua maior parte, as "sintonias" são "transmodais". Se a expressão do recém-nascido é vocal, a sintonia materna é mais gestual ou facial. Entretanto, é importante assinalar que essas modalidades devem estar sempre em "correspondência", porque mãe e bebê devem compartilhar certas características que lhes permitam ser transferidas de uma modalidade ou forma para outra. Isso nos fornece a imagem "de uma linha contínua" na comunicação mãe-bebê, como se os dois devessem se manter muito atentos a todos os comportamentos do outro para evitar que a "linha de comunicação" estabelecida entre a díade venha a se romper. É a razão pela qual esse autor assinala a importância de se levar em conta a duração das modalidades de sintonias, pois, quando esta se mostra muito curta, essa "linha de comunicação é facilmente rompida".[3]

Stern ainda observa que é graças à "sintonia afetiva" que o laço interpessoal é acionado, e a criança passa, a compartilhar as experiências subjetivas, ao mesmo tempo em que antecipa esta troca de um interesse em comum com o adulto de referência. O exemplo mais significativo é o da "atenção compartilhada", comportamento observado na criança aos 9 meses, o que vem assinalar que um centro de atenção em um objeto mostrado pela mãe já pode ser compartilhado pela criança. Por exemplo, a mãe apontando com o dedo mostra para ela o objeto; a criança acompanha com os olhos a direção mostrada, vê o objeto em questão e, em seguida, volta seu olhar para sua mãe para ter a confirmação de que atingiu o objetivo. Trata-se, então, das primeiras expressões de uma experiência compartilhada, subentendida como precursora de uma "comunicação intencional".

Parece interessante questionar se, efetivamente, todas as crianças nascem com essa predisposição inata a integrar e traduzir as diferentes modalidades sensoriais (percepções amodais), como Stern descreve. Nos bebês com entraves da subjetividade e risco de autismo, o que se pode observar são justamente os traços de uma incapacidade de integrar as sensações de diferentes modalidades. Seria possível, neste caso, supor que a ausência da "sintonia afetiva" na dinâmica mãe-bebê estaria denunciando os primeiros traços de uma organização autística "em curso"? Seria possível dizer também que a instauração de traços estereotipados nas crianças autistas

---

3 Retornaremos a essa questão na segunda parte deste livro, quando problematizarmos os resultados de nossa pesquisa aqui contemplados.

resulta, efetivamente, de sua incapacidade em ter uma "experiência transmodal" dos diferentes fluxos sensoriais?

Além disso, em que medida se pode observar que essa falha na "percepção amodal" é o que resultaria em uma hipersensibilidade do bebê para certas modalidades sensoriais e uma indiferença para outras experiências sensoriais? E como ficam essas experiências transmodais quando a criança apresenta atrasos em seu desenvolvimento global provocados por quadros patológicos orgânicos, como nos quadros de certas síndromes? Essas questões serão retomadas na segunda parte deste livro.

As divergências do conceito da intersubjetividade entre a psicologia do desenvolvimento e a psicanálise

Em que medida o conceito de intersubjetividade, tal qual é descrito pelos desenvolvimentistas Stern e Trevarthen, pode ser compreendido segundo o viés da metapsicologia psicanalítica?

Sabe-se que a psicologia do desenvolvimento parte do princípio de que o desenvolvimento do "eu-objeto" não resulta de uma fase de simbiose normal entre o bebê e sua mãe. É nesse sentido que os desenvolvimentistas defendem a ideia de que o bebê recorre à realidade externa desde o início da vida porque já é capaz de reconhecer o outro (outrem) como diferente dele.

Para dizer de outro modo, a realidade externa ou objeto externo, como certos psicanalistas consideram, não estaria associada a um tempo secundário, que sucede a um tempo originário da perda da necessidade, da fantasia e da defesa. É por isso que Stern nos diz que as deformações da experiência subjetiva do bebê não são provocadas por desejos ou defesas, mas, sobretudo, pela imaturidade cognitiva ou perceptiva da criança em relação à realidade externa. Isso implicaria considerar que as patologias pré-edipianas resultariam de déficits ou falhas da realidade externa, e não necessariamente de deformações fantasmáticas provenientes de conflitos, no sentido psicodinâmico do termo.

Por sua vez, os psicanalistas se opõem à noção de intersubjetividade composta nesses termos, pois essa noção de "eu-objeto" parece negligenciar o conceito de pulsão e, com ele, toda a complexidade da dinâmica psíquica, o que inclui toda a particularidade do processo gradiente de diferenciação "extra/intrapsíquico". Por exemplo, Roussillon (2004) questiona a posição de Stern – que reconhece a intersubjetividade segundo uma dimensão específica e separada da vida pulsional – afirmando:

> *O conceito de intersubjetividade também me parece poder ser utilizado, na medida em que está referido a uma concepção psicanalítica do sujeito, ou seja, uma concepção que integra uma dimensão inconsciente da subjetividade, considerando a questão da pulsão e do sexual. Com efeito, é aqui que as concepções existentes da intersubjetividade me parecem em dificuldade – tendendo a fazer desaparecer ou não sabendo como situar os processos inconscientes (e não somente "não conscientes") e a dimensão sexual que os habitam –, que o conceito de pulsão ameaça ser abandonado e com ele toda a complexidade da dinâmica psíquica. (p. 735)*

Roussillon recomenda, ainda, tomar o conceito de intersubjetividade como um meio para pensar, justamente, "o encontro de um sujeito movido por pulsões e uma vida psíquica inconsciente com um objeto que também é um outro-sujeito, movido igualmente por uma vida pulsional e inconsciente" (p. 736). É nesse sentido que esse autor assinala a importância de não confundir o "objeto da pulsão" com o "objeto externo", na medida em que a pulsão está ao mesmo tempo à procura de prazer e à procura de objeto. Ela procura prazer na relação "com o objeto" e "por meio do objeto". Isso implica que a pulsão parece ter um lugar pleno e inteiro na relação intersubjetiva, endereçando-se a um objeto visado como "outro-sujeito", o que se aproxima da ideia de que a realidade psíquica não resulta de algo construído ou imediatamente concebido, mas de um processo que contempla ora momentos intrapsíquicos, ora momentos interpsíquicos, o que implica considerar que seria graças a esse jogo de alternância entre esses dois momentos que o bebê poderia acessar a intersubjetividade.

É nesse contexto que Bernard Golse (2006b) nos propõe uma terceira via para pensar a intersubjetividade, como um processo gradual e relativamente lento a partir de um estado de indiferenciação entre o bebê e sua mãe. Ele afirma: "A intersubjetividade não se obtém em um tudo ou nada, mas, ao contrário, de maneira muito dinâmica entre os momentos de intersubjetividade primária efetivamente possíveis de imediato, porém fugazes e com prováveis momentos de indiferenciação" (p. 220).

É a razão pela qual Golse nos convida a falar de "acesso à intersubjetividade", a palavra "acesso" nos dando a ideia de alguma coisa que não é previamente dada, fato que nos obriga a repensar a noção estruturalista pelo termo processo (estruturalismo de movimentos), e não mais pela perspectiva de estados (referência a formas fixas). Isso significa que o acesso à intersubjetividade se inscreve em um processo dinâmico, de tal forma que, uma vez que o bebê o acessa, sua aquisição não pode ser dada como definitiva ou cristalizada.

Finalmente, independentemente das diferentes abordagens sobre a definição do conceito de intersubjetividade, podemos concluir que tal conceito viabiliza abrir novos horizontes para se pensar a nosologia da psicopatologia infantil. Isso oferece novas perspectivas para pensar um possível diálogo entre as neurociências e a psicanálise, tema abordado no capítulo seguinte.

5. As neurociências e a psicanálise: um diálogo possível?

Atualmente, essa questão é cada vez mais evocada na medida em que avançam as pesquisas sobre prevenção das psicopatologias precoces da infância. A clínica com bebês nos convoca a pensar sobre a ontogênese humana, remetendo-nos muitas vezes aos eternos debates sobre as implicações e relações entre "a mente e o organismo" ou "o mental e o neuronal".

É nessa mesma perspectiva que se inscrevem as relações entre a psicanálise e as neurociências, levando-nos a colocar a seguinte questão: é possível viabilizar a construção de um diálogo entre as neurociências e a psicanálise? Como tratar um mesmo fenômeno comportamental com duas abordagens tão diferentes e por duas vias que, por vezes, parecem contraditórias?

Alguns psicanalistas denunciam a impossibilidade de um diálogo entre a psicanálise e as neurociências, na medida em que estas parecem procurar reduzir as noções da psicanálise a conceitos biológicos, em uma tentativa de construir uma "psicanálise cognitiva", uma "neuropsicanálise", privada de noções como as de libido e pulsões.

É o caso do psicanalista francês Gérard Pirlot (2007), que denuncia a tendência de os neurocientistas procurarem "naturalizar" a psicanálise ao fazer uma "tradução neurológica" dos dados da teoria psicanalítica, referindo-se apenas aos conceitos da primeira tópica da teoria freudiana, cujo paradigma central era a representação do modelo do aparelho psíquico seguindo uma postura naturalista e biológica. Como já evocamos no primeiro capítulo, Freud, nos primórdios da construção da teoria psicanalítica, foi obviamente muito influenciado por sua formação biologicista e positivista, uma vez que utilizava muitas metáforas biológicas para descrever o psiquismo.

Para Pirlot (2007), o fato de Freud ter se recusado a publicar seu "Projeto..." (1895/2002) representa uma espécie de ruptura com os positivistas organicistas, uma espécie de abandono de sua tentativa de enquadrar sua "jovem ciência" segundo as explicações da neurofisiologia. Pirlot insiste nisso ao tomar o "Projeto..." como o "recalcado" da psicanálise, da mesma maneira que o "recalcado" das neurociências seriam, por sua vez, a psicanálise e a sexualidade infantil. Ele afirma: "Desde então, 'o recalcado do recalcado' que é o 'Projeto...' retorna atualmente fora da psicanálise – a saber, no *corpus* que a recalca: as neurociências. Este é o desafio ao qual os psicanalistas estão submetidos" (p. 481).

Nessa mesma perspectiva, P. Buser (2007) se opõe igualmente à noção mecânica causal "rede neuronal ativa → vida mental". Ele chama a atenção para a importância de se levar em conta o fato de que o inconsciente da psicanálise não é considerado, nem o pré-consciente, nem o inconsciente cognitivo de F. Varela, tampouco o inconsciente processual de Kandel.

A propósito dessa noção, Kandel (2002) a define como parte da memória procedural, que corresponderia a um componente biológico da vida mental inconsciente. Kandel parte do princípio de que haveria dois tipos de memória: a procedural e a declarativa, essa última se desenvolvendo mais tarde (em torno do terceiro ano da vida da criança). Assim, para ele, a amnésia infantil existiria não por causa de uma potente repressão das lembranças durante o complexo de Édipo, mas sobretudo por causa do desenvolvimento lento do sistema da memória declarativa.

Kandel propõe ainda a noção de inconsciente biológico, uma nova via na qual a psicanálise pode se apoiar no desenvolvimento de uma relação mais próxima com a biologia e, particularmente, com as neurociências cognitivas. Essa via seria, segundo ele, a única maneira para a psicanálise progredir e sair de sua posição de declínio constatada nos últimos anos. "Tenho esperança de que ao fazer a junção com as neurociências cognitivas, ao desenvolver uma perspectiva nova e interessante sobre a mente e seus transtornos, a psicanálise reencontrará sua energia intelectual" (p. 42).

Essa abordagem entre psicanálise e ciências biológicas produzirá novos métodos, permitindo a observação direta dos processos psíquicos do inconsciente que, segundo Kandel, eram até hoje estudados de forma indireta. É nessa perspectiva que ele propõe aos psicanalistas trabalhar de modo científico, a fim de que o discurso deles se articule aos dos pesquisadores das ciências experimentais. Para isso, defende a ideia de avaliar os resultados da psicanálise a partir da utilização de imagens do cérebro que possam desvelar a evolução de processos mentais dos pacientes durante um tratamento terapêutico. Ele afirma:

> *Os fenômenos subjetivos não servem voluntariamente às análises empíricas objetivas. Faz-se necessário desenvolver maneiras criativas de estudar os fenômenos subjetivos. Resulta disso que seus pesquisadores argumentam que é apenas ao vincular o pensamento psicanalítico aos fenômenos neurobiológicos objetivos, como nas mudanças de*

> *personalidade decorrentes de lesões focais do cérebro, que será possível extrair correlações empíricas de construções de base subjetiva da psicanálise. (p. 74)*

Alguns psicanalistas vão se pronunciar contra a proposição de Kandel, acusando-o de negligenciar a especificidade do nível de observação do psiquismo próprio ao método psicanalítico, em benefício de reduções abusivas de noções psicanalíticas a conceitos cognitivos e biológicos (Chaperot, Celacu & Pisani, 2005). Eles acrescentarão ainda que o erro de Kandel está em considerar a psicanálise como uma ciência do "signo" na qual se pretende, na perspectiva terapêutica, estabelecer relações entre representações conscientes e suas correspondências inconscientes.

Para Kandel (2002), haveria uma espécie de dupla correspondência exata entre o "manifesto" (consciente) e o "latente" (recalcado). É o que implicaria positivar e substancializar um inconsciente psicológico, e não psicanalítico. Isso parece estar de acordo com os primeiros trabalhos de Freud, de 1895, quando ele afirmava existir uma correspondência entre representação consciente (sintoma) e representação inconsciente (recalcado), tendo emperrado nela um *quantum* de energia, ou afeto, que atravessa as vias nervosas para criar manifestações patológicas. Entretanto, como sabemos, o trabalho de Freud evoluiu consideravelmente, aprofundou-se e tornou-se mais complexo na ocasião da introdução dos conceitos de pulsão sexual de autoconservação em 1905 e de pulsão de morte em 1920 (tal qual evocamos no Capítulo 1).

Assim, nos parece que a representação proposta por Kandel da psicanálise corresponde a uma prática de adequação exata de um conteúdo manifesto a um conteúdo latente. Em contrapartida, G. Pommier (2007) nos lembra que o progresso de uma paciente durante o tratamento não se limitaria a uma eventual modificação de sistemas de seu cérebro, levando em conta que a psicanálise considera o inconsciente uma representação da ausência de subjetivação de certas representações psíquicas, e não uma estrutura ou substância "palpável" e perceptível.

Essas duas posições tão antagônicas nos levam a pensar que uma possível aproximação entre a psicanálise e as neurociências seria indesejável, na medida em que alguns psicanalistas defendem a ideia de que as teorias psicanalíticas não poderiam se inscrever em um discurso científico experimental sem que houvesse uma redução de sua compreensão clínico-teórica. Ao mesmo tempo, as neurociências acreditam que é indispensável que a psicanálise ocupe um lugar mais modesto quanto às suas explicações e ambições terapêuticas, propondo diálogos com outras abordagens terapêuticas e teóricas.

Contudo, D. Houzel (2002a) afirma que não é porque há uma diferença epistemológica de fundo entre as observações de tipo experimental e de tipo psicanalítico que devemos nos precipitar na afirmação de uma inviabilidade de diálogo entre as duas ciências. Na realidade, nos parece totalmente possível pensar em uma continuidade entre os fundamentos da reflexão metapsicológica e as aquisições da ciência contemporânea, desde que tenhamos consciência de que a questão de base não se reduziria à tentativa de aproximar dois campos de prática, conhecimento e compreensão para uma troca de pontos de vista. Não se trata da análise de uma prática pela outra, tampouco da crítica de uma teoria à luz dos princípios da outra, o que, efetivamente, nos levaria apenas a um confronto improdutivo. Assim, pensamos que, para vislumbrar um diálogo possível entre as neurociências e a psicanálise, a primeira coisa a fazer é reconhecer as particularidades de ambos os campos, levando em conta os diferentes níveis de observação e a lógica explicativa própria de cada nível para análise da mente.

Como enfatiza Golse (2003), as neurociências e a psicanálise apresentam pontos de continuidade metodológica ao mesmo tempo que cada uma possui pontos metodológicos próprios. Entretanto, segundo esse autor, é necessário reconhecer o fato de que, sem dúvida, a psicanálise ganharia mais ao se comparar com as "ciências ditas narrativas" do que as ciências experimentais ditas "puras e exatas", o que não colocaria em causa sua cientificidade: "A psicanálise não tem nada de 'impura', isto é, ela possui uma certa cientificidade, cuja modernidade é finalmente difícil de contestar" (p. 11). É nessa perspectiva que ele destaca a importância de traçar uma linha de demarcação fundamental quanto ao lugar do enquadre na observação psicanalítica: de um lado, no tratamento clínico padrão e, de outro, nas observações experimentais.

Dessa forma, consideramos que as observações experimentais tendem mais a primeiro estabelecer o enquadre da experiência (protocolo), para depois se centrar nos conteúdos desta de maneira preditiva, tratando-se, em geral, de refutar ou confirmar uma hipótese. De maneira contrária, a observação analítica privilegia a análise das transgressões ou das falhas, mas não recobre nenhuma dimensão preventiva absoluta, visto que os materiais (conteúdos) recolhidos pela observação só podem ter o valor de objeto de uma elaboração *a posteriori* (no *après-coup*). Isso ocorre tanto no contexto de pesquisa e observação direta quanto no quadro do tratamento (retomaremos essa questão no Capítulo 7).

Assim, apesar das diferenças de seus enquadres, uma ciência não tende a tirar vantagem da outra. Ao contrário, cada uma tem as suas próprias particularidades, o que nesse sentido favorece uma interface entre as neurociências e a psicanálise. Essa interface fica mais evidente quando propomos um objeto de estudo em comum, o que possibilita que a reflexão entre esses dois saberes não fique restrita a um debate generalizado e infrutífero, mas focalizada em pontos precisos.

Como propõe J. Hochmann (2007), o problema do autismo poderia ser um desses domínios em que a psicanálise teria a possibilidade, a partir de sua clínica, de colocar questões aos neurocientistas, e estes, por sua vez, poderiam interrogar o clínico sobre sua prática, trazendo-lhe novos elementos a fim de enriquecer ou reorientar suas intervenções. Como afirma D. Widlöcher (citado por Ouss-Ryngaert, 2004), um dos princípios para tecer os vínculos entre a neurobiologia e a psicanálise talvez seja, por exemplo, focar em um campo específico, como os das *psicopatologias*.

A questão das psicopatologias precoces, como o autismo infantil, pode ser considerada um paradigma de interesse para a correlação das neurociências com a psicanálise, da mesma maneira que a histeria foi tomada nos tempos de Freud. Isso porque essas patologias nos remetem aos primórdios do psiquismo, ao nos convocar a pensar sobre as relações entre o orgânico e o psíquico.

Essa posição parece ganhar mais importância quando a causa do autismo infantil se associa a problemas ligados a lesões do cérebro, como no caso da síndrome de West, tema que mencionaremos no Capítulo 8. Lisa Ouss-Ryngaert (2007) afirma que o trabalho terapêutico com crianças com menos de 3 anos pode favorecer uma modificação no seu funcionamento cerebral, provocada pelo fenômeno da plasticidade cerebral, o que justificaria a importância da intervenção precoce nos três primeiros anos de vida, período no qual o cérebro efetua um grande trabalho de seleção neuronal e de desenvolvimento sináptico, o que subentende as funções neuropsicológicas.

Assim, parece que as novas reflexões sobre o autismo vão no sentido da construção de um possível diálogo entre a psicanálise e as neurociências. Diálogo este importante, na medida em que nos oferece meios para evitar que tenhamos um olhar clivado sobre a criança, fundamentado no paradoxo do tudo ou nada, com uma abordagem ou completamente *orgânica e cerebral* ou apenas *subjetiva e psíquica*.

Isso nos leva a deduzir que os novos dados científicos permitem confirmações e reformulações pontuais de certas aquisições do *corpus* metapsicológico, sem, contudo, forçar modificações dos fundamentos nos quais se baseia a psicanálise. Como exemplo, podemos citar a experiência de imagens cerebrais de crianças autistas realizada por H. Gervais et al. (2004), cujos resultados são similares aos fatos clínicos que constatamos frequentemente em crianças autistas.

A voz humana como objeto de estudo: neurociências e psicanálise no tratamento do autismo[1]

A experiência de Gervais et al. (2004) chamou a atenção dos profissionais que trabalham na clínica do autismo, na medida em que seus resultados puderam abrir novas perspectivas para o estabelecimento de uma clínica transdisciplinar nesse campo.

Essa pesquisa baseou-se na análise comparativa das imagens cerebrais de 21 crianças com quadro clínico de autismo primário e de 12 crianças do grupo de controle. O resultado revelou, nas crianças autistas, uma diminuição significativa de substância cinzenta no nível do sulco temporal superior (STS). Essa parte do cérebro é responsável por dois eixos fortes de interações sociais – a escuta da voz humana e o reconhecimento dos rostos. Tal resultado parece compatível com a hipótese de uma hipoperfusão dessas diferentes zonas nas crianças autistas. Dessa maneira, o aparecimento de sintomas autísticos se explicaria por meio de certas anomalias bitemporais.

1 Parte deste texto já foi publicada sob o título "Autismo e novas perspectivas clínicas". *Estilos da Clínica, 12*(23), 78-89, 2007.

> *Esses resultados são aproximados de perturbações maiores da percepção, de modulação e integração das informações sensoriais auditivas. A característica típica de pacientes autísticos é, por exemplo, a reação anormal deles a estímulos sensoriais auditivos. Eles podem não reagir a barulhos de explosão e, ao contrário, ficar irresistivelmente atraídos – ou aterrorizados – por estímulos sonoros normalmente negligenciados, como o amassar de uma folha de papel. Além disso, a região do sulco temporal superior estaria implicada na "percepção social"... A percepção social se refere ao tratamento das informações e das intenções dos outros indivíduos, como o olhar e a expressão facial. Assim, uma anomalia nessa região seria pertinente com as dificuldades relacionais observadas na criança autista. (p. 15)*

Isso implicaria afirmar que, segundo essas pesquisas neurocientíficas, haveria algo de inato, uma predisposição genética no bebê futuro autista a ter uma sensibilidade aguçada à intensidade sonora e uma atração por sons não vocais.

Como consequência dessa falta de reconhecimento aos estímulos vocais, essas crianças não se tornam "especialistas" na voz humana e a tratam como qualquer outro som, por exemplo, o de um carro ou de um sino. Na esteira dessa visão, faz-se necessário interrogarmos se a insensibilidade aos estímulos vocais seria uma causa ou um efeito da própria modalidade anormal de ativação cortical. Para responder a essa questão, parece-nos importante considerar os estudos das neurociências que possam indicar as eventuais modificações no cérebro de crianças autistas que acessam o campo da linguagem após um tratamento analítico.

Essas hipóteses das neurociências caminham na mesma direção de certas hipóteses psicanalíticas que associam a patologia do autismo ao problema do sonoro de raiz pré-natal. Essa ideia é defendida por Haag (2005a), apoiada nos trabalhos psicanalíticos de S. Maiello (1991, 1998), que preconiza a origem da vida psíquica desde um tempo pré-natal a partir da existência do que ela nomeia como "objeto sonoro".

A partir das ideias aqui expostas, podemos supor que os resultados de estudos de imagens cerebrais não ameaçam em nada a prática clínica da psicanálise, bem ao contrário, permitem viabilizar pontos de convergência entre os dados das neurociências e os da psicanálise. Assim, a visão unificada da patologia do autismo nos leva a deduzir que os novos dados científicos permitem confirmações e reformulações pontuais de certas aquisições da prática clínica psicanalítica, e não necessariamente mudanças em seus paradigmas. Como defende Haag (2007), a pesquisa transdisciplinar entre esses dois campos nos abre novas frentes de trabalho, as quais não se baseiam numa posição ortodoxa e radical de "tudo terapêutico" ou "tudo médico-educativo".

O objeto sonoro como o proto-objeto da relação objetal

Partindo do pressuposto sustentado pelos neurofisiologistas de que o bebê seria sensível à voz da mãe a partir do quarto mês de vida, a psicanalista italiana S. Maiello (1991) postula a hipótese de um objeto sonoro tendo suas origens na experiência auditiva pré-natal. Segundo Maiello, as experiências acústicas pré-natais, constituídas pela voz materna e por barulhos rítmicos respiratórios e cardíacos, servirão de base formadora para um proto-objeto chamado "objeto-sonoro pré-natal".

Ela acrescenta ainda que o ritmo da pulsação cardíaca da mãe, marcado pela regularidade – uma batida e uma pausa em intervalos regulares –, poderia fornecer à criança a primeira experiência de descontinuidade, bem como a possibilidade de internalização da dinâmica da presença/ausência. É o que a leva a supor que o ritmo poderia ser visto como o plano de sustentação do sentimento de segurança de base ou o ritmo de segurança descrito por Tustin (1981/2003a).

Essas hipóteses caminham na mesma direção dos trabalhos de Meltzer (citado por Maiello, 2000/2004), ao afirmar que o ritmo faz parte intrinsecamente do desenvolvimento da linguagem, na medida em que o nível "canto e dança" da linguagem corresponderia à forma mais primitiva da formação do símbolo.

Golse (2006a) lembra que o bebê acessa a linguagem, primeiramente, pela sua parte simbólica e digital, por isso ela se caracteriza como "analógica". Isso explicaria a razão pela qual o bebê parece muito mais sensível à musicalidade da linguagem e dos sons (as melodias prosódicas que ele escuta e as que ele mesmo produz) do que à significação dos signos (associação entre significante e significado), como propunha F. Dolto (apud B. Golse 2006a)

> *A experiência auditiva dos barulhos rítmicos do organismo materno poderia constituir a base que prepara o feto para receber o ritmo e o som da voz da mãe, com suas articulações infinitamente mais complexas do ponto de vista do registro, da força, do timbre e que não incluem apenas as particularidades pessoais, mas também a linha musical e o ritmo da língua que se tornará a "língua materna da criança". (Maiello, 2000/2004, p. 155)*

Nesse sentido, Maiello afirma que a criança *in utero* pode ter esboços ou protoexperiências de separação e de alteridade suscetíveis de iniciar a formação de um eu primitivo, cuja capacidade, ainda que rudimentar, se manifesta desde o nascimento. Na realidade, essas experiências precoces de separação são reguladas pelo ritmo da presença e da ausência da voz materna, que efetivamente introduz muito cedo um elemento de descontinuidade nesse ambiente contínuo do útero materno.

> *A voz fala, a voz se cala. É um objeto externo, que tem as mesmas características de imprevisibilidade e do incontrolável que o seio após o nascimento, o qual alternará presença e ausência, nem sempre em correspondência com as necessidades da criança, e por isso será fonte tanto de bem-estar quanto de frustração e angústia. (Maiello, 1991, p. 44)*

Assim, a experiência de continuidade rítmica seria necessária à exploração confiante da descontinuidade. Aliás, a continuidade e a regularidade da alternância batida/pausa parecem representar o elemento estruturante da experiência de ritmicidade, que, por sua vez, seria condição primordial para a internalização de formas temporais confiáveis e para o desenvolvimento da confiança de base (Alvarez, 1997).

Dessa maneira, no processo de indiferenciação substancial do "continente" e do "conteúdo", a interrupção da voz pode suscitar na criança uma protoexperiência de ausência e falta. Se a falta gera um desejo, haveria, portanto, um lampejo de consciência de um "alhures", de um "outro que si mesmo", ou seja, o germe de uma experiência de encontro e de relação. "Durante a vida intrauterina, a mensagem de alteridade da mãe e do mundo externo atinge o feto pela voz da mãe" (Maiello, 1991, p. 49). Aliás, é exatamente a falta desse germe que encontramos nas crianças autistas, hipótese que converge para as hipóteses das neurociências, que se fundamentam na expressiva hipoperfusão (baixa irrigação sanguínea) do STS, responsável pela escuta da voz humana, na patologia autística.

As pesquisas referentes ao período intrauterino (Piontelli, citada por Maiello, 1998) nos mostram a existência de formações defensivas e patológicas que poderiam se instaurar desde a vida pré-natal. Maiello sugere que os casos de bebês com sinais de retraimento autístico manifestados desde o nascimento são provocados por uma espécie de intolerância do próprio feto à imprevisibilidade do ritmo da alternância presença/ausência da voz da mãe. Assim, se, por uma razão ou por outra, essa protoexperiência da imprevisibilidade é intolerável, a criança, para proteger-se dessa situação, tende a anular qualquer traço da própria experiência pré-natal da voz materna.

Os trabalhos de Haag (2005a) vão na mesma direção, quando ela afirma que os comportamentos de evitamento da voz humana, na vida intrauterina impediriam a construção do *envelopamento corpóreo-psíquico*, responsável pela experiência de continência emocional suficientemente satisfatória. Isso nos levaria a atribuir, como uma das causas do autismo infantil precoce, a ausência de um envelope corporal primitivo, constituído pelas primeiras experiências rítmicas do bebê. Haag (1988/2018) ainda acrescenta que a experiência precoce de sustentação de apoio de fundo, vivenciada desde a vida intrauterina, e o ajuste necessário da experiência de interpenetração do olhar seriam fundamentais para a construção do eu corporal do bebê.

Em caso de falta da experiência do sentimento de envelopamento (*sentiment d'entourrance*) corporal, o contato dessas crianças com a palavra se produz da maneira mais concreta e real possível, porque a hipersensibilidade ao barulho provocaria uma espécie de clivagem entre a musicalidade da voz e o barulho da palavra, a tal ponto que as palavras do analista facilmente adquirem um caráter extremamente intrusivo, como se "invadissem literalmente o corpo e a carne delas", como assinala Haag (2005b). Isso poderia nos explicar a preferência que essas crianças têm por objetos duros e, portanto, sua tendência a captar a parte "dura" da palavra, associada a consoantes, contrariamente à parte "doce", correspondente à vogal, que é facilmente rejeitada, como nos apresenta Tustin (1981/2003b, 1981/2003c) ao descrever a experiência de clivagens sensoriais.

Essa hipótese sustentada por Haag se aproxima da das neurociências, a partir de resultados de ressonância magnética, que nos mostram como as áreas cerebrais ativadas nas crianças autistas por estímulos de tipo quase verbal são diferentes das que são ativadas nas crianças normais. Com efeito, as crianças autistas apresentariam uma predisposição a trabalhar o lado esquerdo, mais linguístico, ao passo que o lado direito, responsável pelos aspectos mais gerais da comunicação, como a protomusicalidade e a articulação da consonântica da palavra, seria menos desenvolvido. Gervais et al. concluem que, no autismo, há uma modalidade anormal de estabelecimento cortical auditivo que poderia ser responsável por falta de resposta ao som (típico do autismo) e falta no nível do desenvolvimento da linguagem.

Laznik (2000a) nos fala também da importância da voz materna como constitutiva da formação do sujeito. Ela retoma a leitura de Lacan sobre a "pulsão invocante", uma pulsão que precederia a pulsão oral e escópica. Laznik chama atenção para o fato de que o autismo não se restringe ao comportamento de recusa à sustentação do diálogo olho a olho, verificando-se também uma insensibilidade precoce à prosódia da voz materna. Nesse caso, a voz da mãe ficaria restrita a um ruído de fundo do ambiente, o que faria com que a criança autista tratasse a voz humana como trata os outros barulhos exteriores.

Em contrapartida, Laznik assinala que a criança autista não demonstra uma total indiferença à voz da mãe, como defendem os neurocientistas, mas principalmente a "picos prosódicos". A partir de análise de filmes familiares precoces de bebês que se tornaram autistas, Laznik pôde constatar que eles não são tão indiferentes assim à voz materna, na medida em que mostram uma atenção focalizada no rosto do adulto quando este lhes fala musicalizando suas palavras (mamanhês). Em face da mãe que se endereça a ele pela linguagem "mamanhês", o bebê futuro autista desperta e mostra, apesar de tudo, competências interativas inesperadas.

Entretanto, Laznik chama a atenção para o fato de que a frequência de respostas ao mamanhês dos bebês futuros autistas é menos significativa que nos bebês sem traços autísticos. Por outro lado, as mães de crianças autistas apresentarão uma baixa amplitude na qualidade das curvas de sua prosódia (Burnham, citado por Laznik, 2004/2007). Isso fortalece a hipótese de que as respostas do bebê são fundamentais para que a mãe possa desenvolver um repertório mais rico quanto à modulação e ao ritmo de sua voz. Dessa maneira, se uma mãe se vê diante de um bebê que não lhe responde, ela investirá cada vez menos nessa relação, o que se refletirá na tonalidade de sua voz, que adquire um caráter monótono.[2]

Laznik (2004/2007) assinala ainda que os bebês com risco autístico parecem produzir um aumento significativo de vocalizações quando se endereça aos objetos inanimados do que aos rostos humanos, reforçando a hipótese de que esses bebês se interessariam mais em interagir com os objetos reais e concretos do ambiente do que com seres humanos durante seu primeiro ano de vida.

Se partirmos da hipótese da existência do objeto sonoro como a gênese do próprio objeto e se reconhecermos o autismo como um fracasso da relação objetal, somos levados a pensar que as origens

---

2 Isso remete à ideia defendida por Winnicott de que a mãe faz o bebê assim como o bebê faz a mãe, o que quer dizer que é a partir do encontro com o outro que a criança pode aceder à intersubjetividade e se constituir enquanto pessoa.

do autismo precoce estarão em jogo ainda na vida intrauterina. Pesquisas atuais, como a de Muratori e Maestro (citados por Laznik, 2020), mostram que desde a vida intrauterina os bebês futuros autistas podem mostrar pobreza nos movimentos gerais (MG), o que dificultaria o estabelecimento do diálogo tônico-emocional entre a dupla mãe-bebê. Estes entraves sensório-motores poderiam dificultar as trocas relacionais com o adulto cuidador, segundo A. Beaulieu (2021). Por exemplo, a hipoatividade motora e a falta da fluidez nas respostas do bebê suscitariam uma espécie de hipoatividade social dos pais, que teriam padrões de respostas marcados ora pelo registro de inibição, ora pelo registro de hiperestimulação (*regulation up*).

Nesse sentido, podemos nos perguntar se uma falha na constituição do objeto sonoro, no período intrauterino, poderia comprometer a qualidade dos elementos de "agressividade" e "criatividade" na criança, impedindo-a de passar da "relação com o objeto" para o "uso do objeto", de acordo com a teoria winnicottiana. Parece importante levar em conta essa questão na medida em que presumimos que uma das origens do autismo poderia ser lida como uma falha na passagem entre esses dois modos de se relacionar com objeto, a qual permitiria à criança aceder ao espaço transicional e ao campo do simbólico (tema que abordaremos no próximo capítulo).

Por fim, vale enfatizar que não podemos compreender o autismo apenas pelo viés da psicogênese. Como vimos anteriormente, os diálogos frutíferos com o campo das neurociências nos oferecem, justamente, novas perspectivas para entender que o autismo se trata, na realidade, de uma patologia multifatorial. Isso implica considerar o entrelaçamento da especificidade própria do equipamento neurobiopsicológico da criança com características de um ambiente "não suficientemente bom" ou desfavorável ao desenvolvimento psíquico da criança.

6. O autismo infantil: quando a relação objetal fracassa

Da "relação com o objeto" ao "uso do objeto"

O autismo infantil, a despeito da inegável heterogeneidade de seu campo teórico-clínico, representa a falha na capacidade da criança de se reconhecer como diferente do outro ou de sentir que esse último existe e que suas trocas com ele e com o mundo sejam do registro do prazer, e não do desprazer. Isso se explicaria pela própria falha na relação objetal da criança, quando, por exemplo, o eu do bebê não pode se constituir e tampouco diferenciar-se do de sua mãe.

É importante que esse momento de encontro entre mãe e bebê seja marcado por experiências satisfatórias, dando ao bebê a capacidade de integrar o outro como indivíduo vivo e distinto dele. Isso supõe o estabelecimento de um "espaço terceiro", testemunhando que "um mais um não fazem dois, mas, na realidade, três".

Como já evocamos no Capítulo 2, Winnicott chama atenção para o fato de que a relação objetal na criança se constituiria de acordo com o paradoxo do "encontrado-criado", no qual a "criatividade primária" ocuparia uma posição central. Assim, podemos constatar que, na leitura de Winnicott, a construção da relação objetal não se exerce pela via da instauração da ausência do objeto ou da satisfação pulsional, como é entendida pela psicanálise clássica, pois a alucinação estaria associada a um aumento de tensão pulsional, e não necessariamente à ausência do objeto. Entende-se, assim, que a relação objetal se baseia na lógica de uma relação "sujeito-objeto", regida pela presença do objeto, cuja função seria revelar os protoelementos enviados pela pulsão da agressividade primária do bebê.

Vale lembrar que Winnicott, em seu artigo "A integração do ego no desenvolvimento da criança" (1962/1970), assinala que a realidade subjetiva do bebê se constituiria graças a três tipos de cuidados maternos: "emocional" (*holding*), "manejo" (*handling*) e "apresentação do objeto" (*object-presenting*). Ele ainda associará esses três aspectos a três tendências do eu: a integração ao *holding*, a personalização ao *handling* e a relação de objeto à *apresentação do objeto*.

Em contrapartida, ele assinala que, bem no começo da vida do bebê, essa função da "apresentação do objeto" deve ser traduzida pela apresentação da própria mãe. É somente *a posteriori*, com o declínio da "preocupação materna primária", que a mãe poderá lhe introduzir e trazer novos objetos.

No entanto, eis a questão central que colocamos: em que medida a função da "apresentação do objeto" compreende, efetivamente, dois momentos distintos – um primeiro com o objeto materno e um segundo com os outros objetos designados como objetos inanimados ou reais e concretos por Winnicott?

É interessante destacar a passagem do artigo "Comunicação e falta de comunicação levando ao estudo de certos opostos" (1963/1970b) na qual notamos a posição contraditória de Winnicott. Ele explicita aqui o fato de que, quando estabelece uma relação com o objeto, o bebê está apto a elaborar simultaneamente dois tipos de relação:

uma com a "mãe-ambiente" e outra com o próprio objeto, que se torna uma espécie de "mãe-objeto": "A mãe-ambiente é humana e a *mãe-objeto é uma coisa*, ainda que se trate também da mãe ou de uma parte dela" (p. 156, grifos nossos).

Então, se Winnicott destaca a ideia da "simultaneidade", somos levados a pensar que essa função de "apresentação do objeto" inclui também o objeto enquanto tal, ou seja, os objetos inanimados e reais são apresentados pela mãe na medida em que ela interage com seu bebê. Isso significa que a função de "apresentação do objeto" não se limitaria "à iniciação às relações interpessoais", mas englobaria, igualmente, a introdução do "mundo inteiro", incluindo os objetos reais e físicos (objetos inanimados) que fazem parte da realidade compartilhada.

Cabe assinalar que a hipótese de que o objeto real e físico exerce um papel significativo no processo de simbolização da criança já havia sido sugerida, desde 1916, pelo psicanalista E. Jones. Em seu texto "Teoria do simbolismo" (1916/1969), o autor sustenta a ideia de que, para que o processo de simbolização ocorra, é necessário que o sujeito tenha empregado um símbolo. No entanto, considerando que a simbolização é inconsciente, o indivíduo não se dá conta de que utilizou um símbolo, na medida em que o toma por realidade. Ele descreve, portanto, que a comparação existente entre a ideia simbolizada e o símbolo nunca estaria presente na consciência e caso ela se presentificar estaria apenas por um lapso de tempo para ser logo imediatamente esquecida.

Segundo esse autor, o simbolismo se formaria por meio de experiências sensoriais e concretas com o objeto. Assim, ele diz que a maioria das formas de simbolismo são substituições automáticas de uma ideia concreta e, mais particularmente, de sua imagem sensorial por outra ideia de acesso mais ou menos difícil, escondido ou mesmo inconsciente. Jones insiste em afirmar que uma imagem pode estar associada à ideia de um processo primário, porque haveria uma espécie de transferência gradual da significação de um para outro: essa transferência tem por efeito a independência completa da metáfora original, que acaba por adquirir uma realidade própria.

Nesse sentido, podemos sugerir que o bebê pode transferir suas primeiras relações de objeto vividas com o objeto materno para os objetos físicos e reais do ambiente quando interage com eles. Isso atribui ao objeto externo do ambiente uma função de objeto simbolizante, na direção da ideia levantada por Roussillon (ver o Capítulo 2) de que seria com o próprio objeto que o sujeito poderia elaborar o impacto de sua relação com o objeto, ou seja, é pelo objeto que o sujeito constrói seu processo de alteridade. Dito de outro modo, o objeto é paradoxalmente aquele *a ser* simbolizado e é *por meio* dele que se dá o processo de simbolização. Como sabemos, esse autor enfatiza a função do "objeto maleável" como um objeto inanimado capaz de favorecer o processo constitutivo do sujeito, na medida em que as experiências sensório-motoras são também transferidas para os objetos ditos maleáveis, ideia desenvolvida no Capítulo 10 deste livro.

Vale dizer que Winnicott prossegue em suas formulações teóricas quando introduz, em 1969, um novo conceito muito importante e, no entanto, pouco explorado por ele[1] e por outros psicanalistas: o conceito de "uso do objeto" (*object usage*), associado à ideia do acesso da criança ao campo subjetivo e simbólico. Assim, além das construções teóricas, formuladas durante os anos 1950, sobre o "objeto transicional", esse novo conceito de "uso do objeto" abre novas vias para pensar a construção da relação de objeto na criança. O objeto teria, então, a função de desvelar os traços da organização psíquica da criança.

---

1 Cabe assinalar que Winnicott faleceu três anos após a introdução desse novo conceito.

Winnicott acrescenta que a qualidade do "uso do objeto" pelo sujeito está associada à qualidade das primeiras relações objetais. Essa é a razão pela qual ele postula que, para que a criança possa fazer uso do objeto (*object usage*), ela deve antes ter adquirido a capacidade de estabelecer uma "relação com o objeto" (*object-relating*). Assim, a qualidade das relações do bebê com o objeto primordial (a mãe) é determinante para que a criança possa vir a utilizar o objeto ou "fazer uso do objeto", produzindo verdadeiros gestos criativos e espontâneos.

Quando Winnicott introduz esses novos pressupostos teóricos, ao que nos parece, ele reforça sua hipótese, já evocada em 1941, de que a maneira como o bebê entra em contato e se relaciona com os objetos externos denota seu nível de "avidez" (*greed*) em relação ao mundo externo, sendo que este ímpeto de ir em direção ao objeto externo estaria diretamente associado à qualidade de suas primeiras relações com a mãe. Assim, a maneira como o bebê se engaja na exploração da espátula que lhe é apresentada nos sinalizaria sobre o processo de evolução de seus componentes de agressividade primária, sendo estes fundamentais para a construção de suas relações e trocas com o objeto materno.

Essas observações levam Winnicott a afirmar que os bebês entre 5 e 13 meses que passavam em consultas médicas com ele tendiam a apresentar comportamentos padronizados quando se encontravam em face de um objeto-espátula. Ele assinala que o contato do bebê com o objeto-espátula passaria por três momentos distintos:

1. Momento de hesitação inicial: a criança demonstra um grande interesse pelo objeto, faz o movimento, mas hesita em pegá-lo.
2. A criança mostra um comportamento de intensa excitação por meio dos movimentos de sua boca, depois cria coragem para pegar o objeto e acaba por colocá-lo levemente na boca.
3. O bebê deixa a espátula cair esperando que o outro (adulto) pegue-a para repetir com prazer o ato de jogar o objeto no

chão, em um gesto agressivo. Winnicott assinala que as crianças mais desenvolvidas demandam, no final do terceiro momento, sentar-se no chão com a espátula para brincar mais livremente com o objeto, até ficarem interessadas por outro objeto do consultório.

Essas observações o levam a teorizar que os bebês que encontraram dificuldades em suas primeiras relações objetais manifestam, *a posteriori*, dificuldades em estabelecer contato com o objeto-espátula, assinalando uma insuficiência em seu desenvolvimento psicoafetivo. Essas dificuldades, segundo Winnicott, se manifestarão durante o período de hesitação inicial, seja sob a forma ausente, quando a criança se mostra desinteressada pela espátula, seja sob a forma exagerada, quando pega a espátula para levá-la imediatamente à boca.

Winnicott avança ainda mais quando associa traços de transtornos de falhas de simbolização na criança à incapacidade de *agarrar a espátula e relacioná-la à presença do outro*, com o intuito de compartilhar sua exploração. Isso revelaria a dificuldade de a criança reconhecer a presença do outro "por detrás" do objeto espátula. Ele afirma:

> *Na situação estabelecida, a criança em observação me dá indícios importantes no que se refere ao seu estado de desenvolvimento afetivo. Ela pode ver na espátula apenas uma coisa que ela pega e joga sem relacioná-la a um ser humano. Isso significa que ela ainda não tem a capacidade de reconstituir a pessoa total por detrás do objeto parcial ou que ela perdeu essa capacidade. Ou ainda ela mostra que me vê ou que vê sua mãe por detrás da espátula... (1941/1968b, p. 50)*

Ao que parece, essas observações caminham na direção das hipóteses formuladas por outros teóricos, como Stern (1989/2006).

Este chama a atenção para o fato de que um bebê de 6 meses que se desenvolve bem, graças ao seu estado de equilíbrio afetivo e fisiológico, começa a se interessar mais pelas coisas (objetos inanimados) quando investidos pelos adultos de referência do que pelas pessoas. Esse comportamento é reforçado pela melhora do nível de coordenação motora e óculo-manual, que lhe permite manipular os objetos com destreza. Em contrapartida, pesquisas atuais sobre o autismo precoce, como as indicadas por Maestro e Muratori (2002) e evocadas no capítulo anterior, nos mostram que o bebê futuro autista manifesta mais interesse pelos objetos inanimados do que pelas pessoas.

Esses achados, se aproximam das ideias preconizadas por Winnicott, segundo ele, o bebê que não apresenta entraves em seu desenvolvimento psicomaturacional tende a relacionar e compartilhar o objeto-espátula com a pessoa que o apresenta (*object-presenting*) a ele, na busca de uma troca relacional. Contrariamente, o que se observa nos bebês com risco de autismo é que eles permanecem fascinados pelos objetos, numa relação do tipo "adesiva", e se mostram "colados" a eles. Isso explicaria o fato de que bebês com sinais de autismo raramente se engajam, de maneira espontânea, na exploração dos objetos apresentados pelas mães, que tentam estabelecer um jogo compartilhado com eles.

Em todo caso, parece-nos importante levar em conta a maneira como a criança vai interagir com esse objeto real e concreto na presença do outro. Por exemplo, a criança é capar de fazer uma "relação" entre o "objeto" e o "outro", uma relação no sentido de se endereçar a ele para tentar estabelecer um jogo compartilhado com esse adulto que lhe apresenta o objeto, ou, como diria Winnicott, de "criar" e "(re)criar" esse objeto à procura do estabelecimento de um jogo interativo e relacional com a mãe, isto é, de estabelecer o que Winnicott denominou jogo primitivo (*playground*)?

Esse prazer compartilhado com o outro estaria diretamente associado à pulsão criativa da criança, oriunda da agressividade primária. Daí a importância de o objeto materno sobreviver aos ataques do bebê, para que ele venha experienciar o estado de onipotência, fundamental para o desenvolvimento de seu potencial criativo. Esse potencial criativo desenvolve-se à medida que o bebê interage com o objeto, ou seja, ele se desvela à medida que o bebê agarra, explora e relaciona o objeto externo na presença do objeto materno.

É por meio do brincar precoce, marcado pelos gestos espontâneos e criativos do bebê, que o objeto transicional se presentifica. Se as pulsões criativas se mostram falhas, a instalação da área transicional fica comprometida e, por consequência, o bebê não pode passar do modo de "relação com o objeto" (*object-relating*) ao "uso do objeto" (*object usage*).

Neste caso, a criança, ao se ver incapaz de estabelecer uma relação rica e criativa com os objetos do ambiente, permanecerá "colada" a eles. A interação sujeito-objeto será marcada por fantasias pobres, que serão utilizadas de maneira extremamente canalizada e repetitiva, até a exclusão total de novas redes de associações. Dizemos, então, que os objetos adquirem a característica de objetos autísticos, tema que abordaremos a seguir.

Os objetos autísticos

O objeto autístico introduzido e teorizado por Tustin (1981/2003b) representaria uma tentativa da criança de se defender contra as angústias de uma separação precoce. Nesse sentido, essa autora ressalta que os objetos autísticos se estabelecem quando a criança é submetida a um "nascimento psíquico prematuro", isto é, antes mesmo de ter adquirido recursos psíquicos suficientes para elaborar essa separação. Assim, essa experiência é vivida pela criança não apenas como um "despedaçamento" do objeto perdido (fantasia de despedaçamento do objeto), mas como um "despedaçamento" de uma parte perdida de seu próprio corpo, uma verdadeira experiência de "mutilação". Por exemplo, para a criança, a perda do seio (objeto primário) corresponderia, sobretudo, a uma experiência de amputação ou "arrancamento" de uma parte de sua boca.

Diferentemente do objeto transicional, o objeto autístico revela que o estado de *desilusão da criança*, importante por possibilitar transformar os *objetos subjetivos* em *objetos objetivos*, coloca-se de maneira precoce e abrupta. Isso revelaria que o processo de separação entre mãe e bebê não ocorreu de forma gradativa, e sim inesperada, levando a criança a vivenciar experiências de "descontinuidade" e "rupturas", que difeririam de uma experiência de separação e diferenciação entre o bebê e o objeto materno. Isso implica dizer que os "fenômenos transicionais", que constituem uma espécie de "ponte" com a realidade, fracassaram e, portanto, a ligação entre o "objeto-não eu" e o "objeto-eu" permanece rompida, culminando na situação em que os objetos autísticos se tornam as únicas e verdadeiras "possessões do eu": "Eles não são como é o caso do objeto transicional, objetos de companhia; eles têm como papel proteger a criança e fazê-la escapar do perigo. Os objetos autísticos são próprios a cada indivíduo" (Tustin, 1981/2003b, p. 216) .

É, então, para lutar contra as angústias de separação suscitadas pelo vazio deixado pelo "despedaçamento precoce do objeto" e para se defender contra o medo de cair no "buraco negro" que a criança tentará "manter-se" ou "agarrar-se" ao objeto autístico. Por isso, vai utilizá-lo de maneira obsessiva, para negar toda e qualquer separação, qualquer afastamento, qualquer distância e alteridade para preencher esse "buraco" deixado em seu próprio corpo.

O objeto autístico possibilita à criança um meio de se defender contra os objetos e o mundo externo, considerados por ela elementos ameaçadores e invasivos. Por outro lado, eles ajudam a criança a se proteger em sua "concha autística", que ela fabrica a partir de suas experiências de "autossensualidade", suscitadas por sua interação com os objetos autísticos. De fato, estes são considerados pela criança como "sensações".

Atualmente, muito se discute sobre a compreensão do autismo como uma falha no processo de compilação dos diferentes fluxos sensoriais. Essa experiência contínua de desmantelamento, ocasionada pela incapacidade de integrar as experiências provenientes de diferentes fluxos sensoriais, leva a criança a recorrer ao uso dos objetos autísticos, como uma tentativa de "agarrar-se" a um objeto que lhe dê a ilusão de segurança, contrariamente à experiência de "desmantelar-se" diante da vivência de um processo de descontinuidade das sensações. Isso explicaria a escolha delas em centralizar e endereçar sua autossensualidade a objetos autísticos inanimados, ao experimentar sensações com objetos concretos, e não com seres humanos,

Houzel (1985, 2006) considera o objeto autístico sob uma perspectiva diferente da de Tustin. Para ele, a noção de nascimento é compreendida como um "processo", e não como um "acontecimento". Assim, ele diz: "Não é de uma só vez ou em um dia que a criança se torna consciente da natureza destacável do objeto" (1985, p. 100). Na realidade, o que Houzel questiona não é a separação ou a perda do objeto "mamilo/boca", mas, sobretudo, a ruptura da "continuidade" do objeto "boca/língua-mamilo/seio". Para ele, essa ruptura aciona no bebê um funcionamento psíquico turbulento e caótico nomeado "o mundo turbulento do autismo", impedindo a criança de internalizar os objetos para substituí-los quando estão ausentes.

Nessa perspectiva, o objeto não terá verdadeiramente a função de "tamponar um buraco" provocado por uma separação precoce do bebê com sua mãe, como dizia Tustin, mas principalmente a função de "estabelecer um vínculo". Ele dará à criança a continuidade necessária para entreter sua "ilusão de uma continuidade" entre seu corpo e o objeto, até o estabelecimento de processos de interiorização do objeto, permitindo-lhe suportar a evidência da "separabilidade com o objeto".

Independentemente das divergências teóricas quanto à concepção do objeto autístico, podemos concluir que seu surgimento denuncia uma falha no processo de simbolização na criança. No contexto de um estudo sobre o autismo precoce, parece-nos interessante interrogar como detectar os primeiros sinais de manifestação do objeto autístico. Seria possível identificar o momento em que o objeto perde seu caráter de objeto transicional para adquirir o estatuto de objeto autístico? Pretendemos elucidar essa questão no Capítulo 10.

Enfim, se partirmos da hipótese teórica de que o autismo poderia ser tomado como uma falha no processo de passagem do modo de "relação com o objeto" para o "uso do objeto", poderíamos compreender o objeto autístico como uma tentativa da criança, ainda que precária, de estabelecer um contato como os objetos externos?

Parece-nos importante, no que concerne às intervenções clínicas junto aos pacientes autistas, compreender primeiramente o sentido atribuído ao objeto autístico em cada caso clínico, o que subtenderia talvez uma maneira própria de utilizar os objetos do ambiente (*object usage*). Isso parece coerente com a proposição de um trabalho terapêutico com a criança autista, diferentemente do que propõem outras correntes de tratamento, que buscam, a qualquer preço, uma ruptura da relação "criança-objeto autístico".

7. Como o método da observação direta do bebê pode contribuir para o avanço da pesquisa em psicanálise?[1]

Esta questão tem sido bastante levantada nos últimos tempos à medida que a psicanálise ganha espaço no campo da clínica da intervenção precoce. Sabe-se que a clínica da primeira infância nos convida a reaver os conceitos de investigação clínica, uma vez que somos convocados a intervir num tempo psíquico que antecederia a constituição do inconsciente e da linguagem. Nesse sentido, supomos que há um redimensionamento do objeto de estudo psicanalítico, dada a necessidade de descentralizá-lo do modelo clássico, fundamentado na análise do discurso do sujeito e contextualizado no quadro de cura do processo analítico, para daí passarmos ao estudo dos precursores da linguagem do bebê ou do comportamento da criança, ambos baseados nos métodos da investigação empírica e da observação direta

Alguns psicanalistas, como Green (1979), criticam o uso do método de observação direta na pesquisa psicanalítica, alegando que esse método de investigação correspondia muito mais aos métodos

1 Este texto foi publicado anteriormente em: *Estilos da Clínica, 15*(2), 434-441, 2010.

utilizados nas ciências objetivas do que na ciência interpretativa, na qual se inscreve a psicanálise. Green acrescenta ainda que tal método tenderia a privilegiar o estudo das estruturas do *moi* (ego), bem como os aspectos da "forma" no lugar dos "conteúdos", provocando uma redução significativa da análise dos aspectos dinâmicos da vida psíquica do sujeito.

Para Green, isso levaria à supressão do que é mais fundamental na investigação psicanalítica – a *falta* – e, consequentemente, a uma indiferença dos aspectos constitutivos da teoria psicanalítica – a *transferência* e a *contratransferência* –, o que resultaria na clivagem entre a "criança observada", oriunda do método de investigação empírica, e a "criança reconstruída pela psicanálise", originária do processo analítico baseado no método de tratamento.

É nesse sentido que Green criticará o trabalho de E. Bick (1967/1968), situando-o fora do campo da investigação psicanalítica. Para Green, o método proposto por Bick não se enquadraria no campo da psicanálise, uma vez que ela toma como paradigma de estudo a "criança" no lugar dos "sonhos", o que é interpretado por Green como um completo abandono do objeto da psicanálise.

Em contrapartida, temos a posição de J. Siksou (1992), que supõe que os aspectos associados à *ausência* ou à *falta* tais como os compreendemos na teoria psicanalítica, bem como os elementos transferenciais associados aos aspectos de *projeções e identificações* dos conteúdos emocionais seriam analisáveis num tempo *posterior* às observações, isto é, em um momento considerado *o terceiro tempo do método*.

Esse último corresponderia ao momento no qual o observador, no quadro de uma supervisão em grupo, elaboraria, em conjunto com outros analistas, suas impressões clínicas e os aspectos *contratransferenciais* vivenciados durante as sessões de observação. Isso nos leva a supor, então, a possibilidade de uma real adaptação do método de observação direta às pesquisas em psicanálise na medida em que propomos uma análise exaustiva dos aspectos transferenciais e contratransferenciais no momento dito do *après-coup*.

Nesse sentido, vale a pena nos interrogarmos sobre a existência de uma dimensão simbólica no comportamento do bebê ou da criança. Afinal de contas, é possível comparar o valor metafórico das palavras ao dos gestos?

Para abordamos essa questão, é necessário, primeiramente, lembrarmos que a própria construção dos conceitos da psicanálise infantil se engendrou da prática de observação. Como exemplo, podemos citar Klein, que, no seu artigo "Sobre a observação do comportamento do bebê" (1952/2005b), afirma ter encontrado, pela via da prática de observação dos lactentes, novos subsídios que lhe permitiriam confirmar suas hipóteses teóricas concernentes ao desenvolvimento emocional primitivo do bebê. Subtende-se, assim, que certos aspectos da vida psíquica do sujeito poderiam ser recolhidos e analisados por meios que ultrapassariam os métodos convencionais associados às interpretações do discurso do sujeito.

Nesse mesmo contexto, podemos situar a prática psicanalítica de Winnicott em "A observação de bebês numa situação padronizada" (1941/1968), desenvolvida a partir do trabalho de observação do comportamento do bebê no quadro de suas consultas terapêuticas. Sabe-se que Winnicott costumava analisar o comportamento do bebê, observando suas reações e interesse quando lhe era apresentada, durante a sessão, uma espátula de cor metálica e reluzente. Para ele, como mencionamos no capítulo anterior, todos os gestos do bebê direcionados ao *objeto-espátula*, bem como a maneira como ele o apreende, o manipula, o explora e, finalmente, o repudia, lançando-o ao chão, revelavam indícios importantes sobre a qualidade de interação e adaptação da criança ao *ambiente*. Isso porque, para Winnicott, os *gestos* do bebê e mesmo seus comportamentos diante dos objetos reais do ambiente poderiam nos revelar a *avidez* (greed) *do bebê* em relação ao mundo externo, além dos componentes primários de sua realidade psíquica e subjetiva, como as *pulsões agressivas* e as *pulsões criativas.* Na realidade, foi graças a essas experiências de observação que Winnicott pôde chegar à formulação do conceito mais importante de sua obra: *os objetos transicionais.*

É nesse sentido que Winnicott enfatiza a importância de considerar o método de observação para o avanço da construção da teoria psicanalítica. No seu artigo "Sobre a contribuição direta da criança para a psicanálise" (1957/1970), sublinha o fato de que um diálogo entre os analistas e observadores deve ser estabelecido para que se tenha um progresso no âmbito do estudo e da pesquisa do comportamento precoce do bebê. O autor acrescenta ainda que esse avanço não contribui apenas para as pesquisas relacionadas ao campo da psicanálise da infância, uma vez que considera que o estudo do comportamento do bebê revela aspectos primitivos da ontogênese humana e aspectos globais do desenvolvimento do sujeito.

Como vimos, tanto Klein como Winnicott consideram a prática do método de observação, como fundamental para o avanço da pesquisa em psicanálise, no entanto, ambos enfatizam a importância de reconhecer os limites desse método no contexto da pesquisa em psicanálise. Eles afirmam, por exemplo, que tal método permite somente o acesso parcial aos processos inconscientes no que concerne ao psiquismo da criança e do adulto. Isso explica a posição categórica de Winnicott ao afirmar que o trabalho da clínica e o da observação devem ser tomados como duas vias "complementares", e não "antagônicas" ou "substitutas".

É por esse viés que Winnicott postula a importância de diferenciarmos entre o conceito de *profundo* (associado aos fantasmas inconscientes e à realidade psíquica) e *precoce* (associado à ideia do ambiente como constitutivo do eu). Winnicott afirma: "Profundo não é sinônimo de precoce porque é necessário que o bebê atinja um certo grau de amadurecimento para tornar-se gradativamente capaz de ser profundo" (1957/1970, p. 75). A distinção entre esses dois conceitos é, na realidade, condição *sine qua non* para conduzirmos um trabalho coerente entre o método de tratamento e o método de observação; caso contrário, poderíamos facilmente cair no erro de considerar que os conteúdos arcaicos do psiquismo humano possam ser apreendidos a *olho nu*.

Parece-nos importante aqui apontar a posição paradoxal sustentada por Winnicott. Ao mesmo tempo que ele enfatiza os limites do método de observação como um meio de aceder aos conteúdos do psiquismo humano, insiste na ideia, como já mencionado, de que uma análise minuciosa da maneira como o bebê interage com o *objeto-espátula* revelaria dados primordiais sobre seu mundo subjetivo e sobre a organização de sua dinâmica *mundo interno-mundo externo*. Ele afirma: "Na situação-padrão, o bebê que está sendo observado oferece-me importantes indicações sobre o seu desenvolvimento emocional" (1941/1968, p. 126). Assim, podemos observar que Winnicott se refere constantemente à sua dupla experiência ao tentar integrar a "criança real" (observada nos braços de sua mãe) com a "criança reconstruída pelo método de cura analítica".

P. Fédida, no seu artigo "O objeu" (1978/1984), postula que o método de observação direta pode contribuir, efetivamente, para a pesquisa em psicanálise desde que consideremos, *a priori*, um trabalho de *(des)significação* do comportamento do bebê e da criança. Compreende-se, assim, que a seleção dos dados observados não deve ser influenciada por uma tentativa de o observador confirmar hipóteses formuladas previamente; ao contrário, espera-se que o observador tome inicialmente uma posição de distanciamento, o que corresponderia ao trabalho de (des)significação. Tudo isso para que, em seguida, no momento considerado como o do *après-coup*, a função teórica de um signo referente a um comportamento possa finalmente revelar o conteúdo *teórico* sobre o qual se apoiou inicialmente. Essa ideia vai ao encontro de Siksou, evocada anteriormente. "A (des)significação se efetua e é sob essa condição que o signo toma, na teoria, o poder de um paradigma ou de um sintagma" (Fédida, 1978/1984, p. 184).

É nesse sentido que Fédida postula que o conceito de *objeto transicional* de Winnicott não foi na realidade *descoberto* por ele, mas apenas *teorizado* graças à realização de um trabalho de (des) significação de Winnicott sobre o comportamento do bebê em interação com o meio ambiente.

Supõe-se, assim, que o método de observação do bebê restitui à escuta do analista uma sensibilidade *tátil* e *visual*. Essa nova sensibilidade, segundo Fédida, poderia enriquecer e mesmo aprofundar a escuta analítica na sua qualidade de "preensão", isto é, nos seus diferentes registros sensoriais e concretos. O autor acrescenta ainda que, ao considerarmos o fato de que um "*gesto observado*" poderia revelar-nos um material digno de uma "*escuta*", no senso analítico do termo, poderíamos a partir daí reconhecer uma nova fonte de criatividade e de renovação do próprio discurso analítico tal como a psicanálise o compreende. Seguindo essa mesma posição, temos Roussillon (1990), que sublinha a importância de colocarmos nossos "*olhos à escuta*", na medida em que, segundo ele, os gestos da criança atribuiriam e revelariam um "*gesto à escuta*".

Nesse sentido, inferimos que a psicanálise, no campo da intervenção precoce, nos obriga a romper com certos paradigmas do *setting* analítico da psicanálise clássica, para daí inventarmos novos dispositivos metodológicos de pesquisa. Isso implica considerar que o método da observação direta é, sem dúvida, enriquecedor para o avanço da pesquisa clínica psicanalítica, caso não cometamos o grande erro de tentarmos "adaptar" ou "encaixar" um método ao outro. Ao contrário, tanto observadores como psicanalistas sairiam ganhando se cada um deles reconhecesse as particularidades próprias de cada método e seus respectivos limites.

Isso nos leva a concluir que as observações diretas praticadas por psicanalistas não se integram à psicanálise *hors les murs* (extramuros), mas *hors la cure* (fora do *setting* tradicional), isto é, ela não transborda o campo da psicanálise, mas se constitui por uma nova via que não aquela do método clássico da cura analítica. Enfim, ao se ter em mente as diferenças e as contribuições desses dois métodos, pode-se constatar que a *criança da observação* e a *criança da cura analítica* não são necessariamente *antagônicas*, mas *complementares*, já que ambas nos permitem articular a *temporalidade do desenvolvimento* com a *temporalidade do après-coup*, o que corresponde à própria *temporalidade da elaboração psíquica*.

Parte II

8. O que o brincar do bebê nos conta sobre seu processo de adaptação ao mundo?

Partindo-se da ideia de que a maneira como o bebê se endereça, interage e explora os objetos reais e concretos do ambiente estaria correlacionada com a qualidade de suas primeiras trocas com o objeto materno, privilegiamos, em nosso estudo, observar de maneira detalhada o processo da construção do brincar de bebês entre 6 meses e 3 anos de idade. Pensamos que o estudo longitudinal de bebês nessa faixa etária poderia nos elucidar hipóteses importantes para pensar em que medida a expressão do brincar da criança poderia nos contar sobre seu processo de adaptação ao mundo, nos permitindo pensar sobre categorias particulares de expressão do brincar entre bebês que apresentariam traços de risco autístico,[1] bebês que sinalizam atraso

---

1 Segundo a escala PréAut (Prevenção de Autismo) (Laznick, 2006; Olliac et al., 2017). Essa escala nos permite detectar, de maneira precoce, traços de risco de autismo em bebês a partir dos 4 meses de idade, sem, contudo, propor um diagnóstico fechado da patologia do autismo, visto que o fechamento de tal diagnóstico não pode ser realizado antes dos 3 anos de idade.

de desenvolvimento acompanhado por questões psicomotoras[2] e ainda de bebês que se desenvolvem da maneira esperada.

Afinal de contas, poderíamos pensar que o brincar nos sinaliza possíveis percalços no processo de subjetivação do bebê? O investimento pulsional da parte dos bebês nos objetos, isto é, a maneira como eles se endereçam ao objeto, o exploram, o manipulam e o investem oralmente teria algum impacto na qualidade de seu engajamento na construção do brincar simbólico?

Privilegiamos observar a manifestação das primeiras expressões do brincar interativo do bebê com sua mãe, na presença de um objeto inanimado e investido por ela,[3] com o propósito de estudar qual seria o impacto da qualidade desse brincar primitivo e precoce do bebê no desdobramento da construção de seu brincar simbólico. Essas observações foram realizadas dentro do quadro de uma pesquisa internacional chamada Programa Internacional sobre a Linguagem da Criança (PILE),[4] cujo principal objetivo era observar os elementos precursores da linguagem verbal da criança, a partir de um estudo que analisava as sequências interativas mãe-bebê – a dupla era filmada em uma sala com a presença de 8 câmeras adaptadas para fornecer imagens precisas sobre a qualidade das expressões corporais do bebê, bem como de seu olhar, de suas produções vocálicas e de seus movimentos corporais. Seguem algumas imagens do laboratório de observação do PILE.

---

2 Segundo a escala Brunet-Lézine, capaz de indicar o grau do desenvolvimento psicomotor da criança.

3 O objeto escolhido era a "girafe Sophie", uma girafinha de borracha muito familiar para as crianças francesas que a utilizam como mordedor.

4 Pesquisa realizada e dirigida pelo psicanalista e psiquiatra infantil Bernard Golse no Serviço de Psiquiatria Infantil do hospital Necker-Enfants Malades.

Figura 8.1 – Bebê em interação com sua mãe e a girafa Sophie.

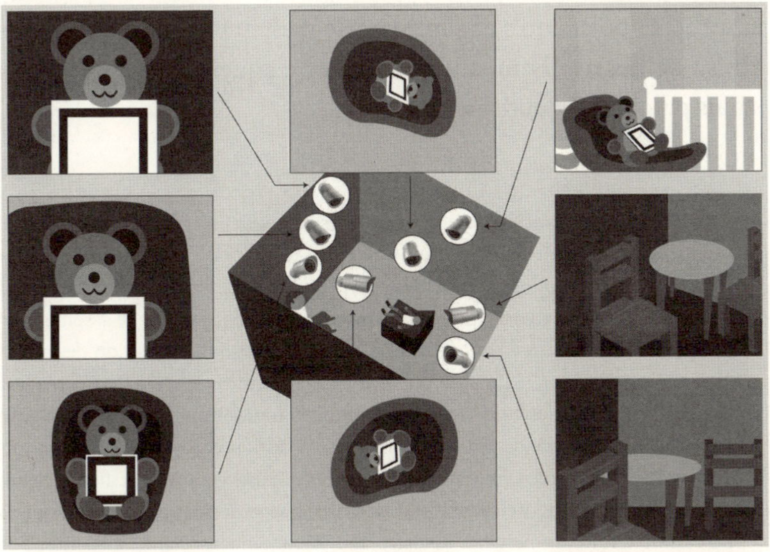

Figura 8.2 – Ilustração da sala de observação do PILE, com a presença de 8 câmeras. Aqui o bebê é substituído pelo urso.

No PILE, eram estudados diversos grupos de bebês entre 3 meses e 4 anos que apresentavam riscos psíquicos, como: bebês prematuros, bebês hospitalizados, bebês com transtornos de alimentação precoce e bebês com quadro de epilepsia precoce denominada síndrome de West.[5] A pesquisa dedicava-se a observar o desenvolvimento global da criança em seus aspectos mais abrangentes, considerando algumas categorias fundamentais, como os aspectos interativo, desenvolvimental, psicodinâmico, do apego e psicopatológico. Essas diferentes categorias eram avaliadas por meio de diversos tipos de testes e escalas previamente validadas, segundo critérios científicos de pesquisa.[6]

Escolheu-se fazer um estudo longitudinal do grupo específico de bebês West, visto que há bebês com quadros de síndrome de West que tendem a desenvolver sinais de risco de autismo no decorrer do primeiro ano de vida (Smalley, 1998). Isso nos levaria a poder fazer um quadro comparativo da expressão do brincar primitivo entre bebês portadores da síndrome de West que apresentam apenas atraso do desenvolvimento psicomotor e aqueles que apresentam sinais precoces do autismo.

---

5 Esta síndrome é associada a uma forma rara de epilepsia infantil manifestada precocemente entre os 2 e 4 meses de vida. Revela-se, frequentemente, por meio de duas categorias específicas: (1) *espasmos*, expressados por movimentos bruscos e leves da extensão dos eixos e membros superiores, que se assemelham a tiques, com uma breve duração de 0,2 a 2 segundos; (2) atraso do desenvolvimento psicomotor, associado, sobretudo, à comunicação visual, uma vez que esta epilepsia manifesta-se, frequentemente, no momento do desenvolvimento maturacional da criança, no qual as regiões sensoriais do cérebro responsáveis pela visão estão em plena maturação. Vale dizer que este grupo específico de bebês era dirigido pela psiquiatra infantil Lisa Ouss, que se destaca por suas pesquisas no campo das neurociências. Registro aqui meus sinceros agradecimentos por me permitir estudar os bebês de seu grupo de pesquisa.

6 Entre elas, podemos citar: CARS, ADOS, Entretien-R, Brunet-Lézine, PréAut, SSP, HAD, CBCL.

A alta porcentagem da síndrome de West, associada a um quadro de retraimento autístico, se deve ao fato de os bebês que sofrem de um quadro de epilepsia precoce são frequentemente expostos a sucessivas crises epiléticas que os deixam num estado de absoluta ausência. Essas ausências impedem que a criança dê continuidade ao processo de "comodalização" das primeiras experiências sensório-motoras, que servirão, ulteriormente, como material para seu processo de *simbolização primária*, momento no qual as pulsões de agressividade podem desdobrar-se em gestos criativos (Ouss-Ryngaert, 2008).

Sabemos que as lesões deixadas no cérebro da criança em decorrência de quadro epiléptico podem comprometer a própria organização dos movimentos de seu corpo. A qualidade e a ritmicidade desses movimentos vão influenciar a própria capacidade do bebê de integrar e compilar os diferentes fluxos sensoriais, no movimento que denominamos "sincronicidade polissensorial", fundamental para que o bebê possa estabelecer suas trocas relacionais, acessando a intersubjetividade. Em situações em que não há essa sincronicidade, o bebê vive uma experiência de clivagem corporal que lhe dificultará estabelecer um diálogo tônico-gesto-corporal com o objeto materno, comprometendo, assim, a qualidade de seu "interjogo" ou de seu "brincar precoce" com o objeto materno, pois "não há reunião possível dos fluxos sensoriais fora de um ritmo coconstruído, sincronizado, comodalizado, para que seja possível reunir, integrar e reconhecer como outro" (Golse, 2006d, p. 110).

No entanto, vale sublinhar que nem todos os bebês que apresentam comprometimento em sua organização corporal em decorrência do quadro de síndrome de West desenvolvem sinais de retraimento autístico. Assim, vale a pena indagarmos: o que leva certos bebês a ultrapassarem esses obstáculos orgânicos, ao ponto de conseguirem se organizar subjetivamente, adaptando-se satisfatoriamente ao ambiente?

Observamos, a partir do estudo microanalítico das trocas interativas da díade mãe-bebê avaliadas no seio da pesquisa PILE, que, desde um tempo muito precoce de vida, é notável a diferença da qualidade dos investimentos sensoriais dos bebês em relação à exploração dos objetos inanimados existente entre o grupo de bebês que apresentavam risco de autismo e o grupo de bebês com atraso de desenvolvimento psicomotor, sem risco de autismo. Mas poderíamos pensar que os entraves para a boa instalação da "acordagem afetiva" se explicariam apenas por uma falha orgânica ligada a patologias neurológicas? Ainda, seria possível detectar uma idade aproximada na qual seria perceptível a queda ou ruptura da qualidade dos investimentos nos objetos do ambiente e seus desdobramentos na qualidade do seu brincar compartilhado com a mãe?

Para estudarmos a qualidade deste interjogo inicial da dupla mãe-filho, centralizamos estudar o grupo composto por 23 bebês com síndrome de West entre as idades de 6 e 36 meses. Esse grupo desdobrou-se em bebês West que apresentavam risco autístico[7] e bebês West que apresentavam apenas atraso psicomotor.[8] Constatamos que, no grupo composto por 23 crianças West, 5 delas apresentavam traços autísticos, das quais 3 tiveram uma confirmação do diagnóstico aos 2 anos de idade pela escala CARS (*Childhood Autistic Rating Scale*) e aos 3 anos pela ADI (*Autism Diagnostic Interview*). Dessa maneira, organizamos a população específica do nosso estudo em um grupo de 5 crianças apresentando risco de autismo e outro de 4 crianças com atraso do desenvolvimento.

---

7 Segundo a escala diagnóstica do autismo PréAut (Laznik, 2006; Olliac, 2017) aplicada aos bebês nas idades de 4, 6 e 9 meses.

8 Segundo a escala Brunet-Lézine (Brunet & Lézine, 1965), aplicada nas idades de 12, 18, 24 e 36 meses.

A título de comparação, um terceiro grupo foi formado por 4 crianças "saudáveis", que integravam o grupo controle da pesquisa PILE. Analisamos o comportamento desses bebês, especificamente nas idades de 6, 9, 15, 24, 30 e 36 meses.

Esse intervalo de idade foi escolhido pois se sabe que é a partir do segundo trimestre de vida que os bebês passam a ter mais interesse pelos objetos inanimados, ou seja, passam a explorá-los e a manipulá-los de maneira frequente, impulsionados pela própria maturação de suas habilidades psicomotoras (Stern, 1983, 1989/2006). Trata-se, na realidade, do início da construção do "espaço potencial" e do acesso do bebê ao campo da "intersubjetividade", momento que coincidiria com o surgimento dos objetos transicionais. Sabe-se, ainda, que o interesse precoce dos bebês pelos objetos externos inanimados torna-se determinante para a instauração da "atenção compartilhada do bebê", expressão primeira do brincar compartilhado da criança, facilmente observada em torno dos 9 meses. Por outro lado, escolheu-se a idade de 36 meses porque se espera que, por volta dessa faixa etária, a criança já tenha recursos psíquicos suficientes para expressar os impasses de sua realidade psíquica, explicitando conteúdos de seu mundo interno, por meio do brincar de faz de conta.

Os bebês da pesquisa PILE eram avaliados por meio de uma metodologia específica composta por dois protocolos principais: o protocolo *transat* (bebê conforto), aplicado nas idades de 3, 6 e 9 meses, e o protocolo *tapis rouge* (tapete vermelho), utilizado a partir da idade de 12 meses e reaplicado a cada 6 meses até a idade aproximada de 4 anos.

No primeiro protocolo, o bebê era instalado em uma cadeirinha do tipo "bebê conforto" e, junto com sua mãe, era convidado a interagir por 9 minutos: 3 minutos iniciais em "interação livre", seguidos por mais 3 minutos de interação com a presença da girafinha Sophie, e nos 3 minutos finais solicitava-se à mãe que cantasse uma canção infantil para seu bebê, convidando-a a interagir utilizando suas mãos.[9] Por meio dessa sequência, se podia observar a qualidade do diálogo tônico-emocional entre a dupla mãe-bebê, remetendo-se especificamente à problematização da teatralização e da contemplação das mãos como etapa fundamental para o processo da integração dos dois eixos corporais, como relembra Haag (1985) ao mencionar o processo da construção do eu corporal da criança.

Já no protocolo *tapis rouge,* mãe e criança eram convidadas a brincar livremente durante um período de 20 minutos, sobre um tapete de jogo com alguns brinquedos familiares da criança (bola vermelha pequena, ursinho de pelúcia, livro de tecido, cubos de plástico, fazendinha e casinha da Fisher Price, introduzida na observação quando a criança contava já com a idade de 18 meses). Essas observações do jogo tinham a finalidade de analisar a qualidade interativa entre a mãe e a criança nas idades entre 9 meses e 4 anos, colocando em evidência as competências sensoriais e perceptivas (visão, toque, audição) da criança, suas habilidades sensório-motoras, bem como sua capacidade construtiva e simbólica.

9 A música é conhecida como "*Ainsi font, font, font les petites marionnettes*", o que na cultura brasileira equivaleria à música "Tralalá". A escolha de músicas que integram movimentos corporais tinha como objetivo avaliar a qualidade da sincronicidade rítmica entre os movimentos corporais do bebê e de sua mãe. Para isso, os bebês utilizavam uma espécie de casaquinho com cores específicas nos punhos, as quais permitiam correlacionar microscopicamente os movimentos de suas mãos com os picos prosódicos da mãe, na busca de entender como ocorre esse diálogo sincrônico da díade.

Figura 8.3 – Ilustração do protocolo "tapete vermelho" do PILE.

Lembrando que o objetivo maior de nossa pesquisa era estudar o impacto do desdobramento do brincar precoce do bebê na construção do brincar simbólico da criança, buscamos nos apoiar no referencial teórico de Winnicott (1942/1972), privilegiando, sobretudo, seus dois principais conceitos no que diz respeito à construção das relações objetais: as relações precoces com o objeto (*object-relating*) e a capacidade da criança de fazer uso do objeto de maneira rica e criativa (*object-usage*).

Optamos por organizar nossas observações privilegiando as análises do que corresponderia ao jogo precoce do bebê, isto é, "*playground*", por meio dos protocolos CIB (Coding Interactive Behaviour) (Feldman, 1998) e ELAN (Eudico Linguistic ANnotator), desenvolvido pelo Instituto Max Planck (2007), da Noruega. Por outro lado, no que equivaleria à expressão do jogo simbólico da criança (*playing*), optamos por lançar mão do teste projetivo MPPE (Malette Projective de la Première Enfance/Maleta Projetiva da Primeira Infância) (Roman, 1997; 2004; 2005), o qual nos permitiria avaliar de maneira minuciosa as diferentes etapas do brincar simbólico da criança.

Análise do jogo interativo mãe-bebê (playground*)*[10]

Centramos nossas observações na análise da interação mãe-bebê avaliada pelo protocolo *transat* da pesquisa PILE, especificamente na sequência em que a mãe convida o bebê a brincar na presença de um objeto inanimado (Sophie). A análise dessa sequência parece configurar o que Winnicott (1941/1968) definiu como a função da apresentação do objeto – teoria postulada a partir da sua prática do jogo da espátula, realizado durante suas consultas terapêuticas. Por meio de suas observações, Winnicott pôde constatar que a maneira pela qual o bebê manipula e interage com os objetos reais e concretos do ambiente revela, por si só, aspectos importantes dos componentes psíquicos do bebê. Tais aspectos estão diretamente associados à qualidade de suas primeiras vivências com o objeto materno. Consideramos, ainda, que as primeiras expressões do brincar interativo do bebê (*playground*) são, na realidade, um produto da comodalização das primeiras experiências sensório-motoras da criança, as quais atuam como a base fundadora da pulsão criativa e, portanto, como alicerce fundamental do processo de simbolização. Partindo desse referencial teórico, pensou-se na necessidade de efetuar, em nosso trabalho, um estudo minucioso da correlação entre a expressão da qualidade do brincar do bebê e a qualidade da dinâmica interativa da díade mãe-bebê.

Para isso, recorremos ao instrumento Coding Interactive Behavior (CIB)[11], que nos permite avaliar a qualidade das trocas inte-

---

10 Parte deste texto já foi publicada no artigo: "Do brincar do bebê ao brincar da criança: um estudo sobre o processo de subjetivação da criança autista". *Psicologia: Teoria e Pesquisa*, (33), 1-8, 2017.

11 Agradeço a colaboração de C. Viodé pela aplicação da CIB nos bebês estudados nesta pesquisa.

rativas de bebês entre 2 e 36 meses com os pais. Este instrumento é composto por 43 indicadores, cotados numa escala que varia de 1 a 5, sendo que 22 deles se referem à qualidade do investimento dos pais, classificada a partir de 3 dimensões principais: *sensibilidade* (*sensitivity*), *intrusão* (*intrusiveness*) e *imposição de limites* (*limit setting*), enquanto o comportamento da criança é mensurado por meio de outros 16 indicadores que contemplam comportamentos do tipo: *engajamento* (*involvement*), *recuo* (*withdrawal*) e *complacência* (*compliance*). Já a qualidade das trocas interativas mãe-bebê é avaliada por meio de 5 indicadores, os quais abordam o grau de r*eciprocidade* (*reciprocity*) e *estados negativos* (*negative states*) da díade.

Além da análise da qualidade da relação mãe-bebê, nosso estudo deteve-se em analisar, de maneira minuciosa, também a qualidade da interação do bebê com o objeto-brinquedo (sequência girafa Sophie). Esse estudo foi realizado com a ajuda do programa ELAN, que nos permitiu examinar a sequência dos filmes em segundos e em milésimos de segundos. Possibilitou, ainda, agregar ao protocolo de pesquisa PILE um olhar mais clínico e detalhado das trocas do bebê com sua mãe na presença de um objeto terceiro (a girafa).

Organizamos, assim, a análise dos movimentos de interação do bebê com o objeto-girafa durante 3 minutos, partindo de quatro categorias de comportamento específicos:

a) o bebê olha o objeto (categoria que traduz a atenção do bebê no objeto apresentado pelo adulto);

b) o bebê agarra o objeto (categoria que traduz o gesto do bebê de alcançar o objeto para manipulá-lo, o que reflete o primeiro estado de aproximação do bebê para com o objeto);

c) o bebê endereça o objeto à boca (categoria que traduz um segundo estágio de exploração do objeto, marcado pela inauguração de uma exploração mais sutil do objeto pela via da oralidade);[12]

d) respostas sincrônicas entre a díade mãe-bebê (neste item, consideramos qualquer tipo de linguagem gestual da criança para com sua mãe, expressa por respostas sincrônicas e transmodais, além de toda a situação de protoconversação e de atenção compartilhada (*atention conjointe*) do objeto entre a díade mãe-bebê).

Análise do brincar da criança (playing)

No que diz respeito ao estudo dos aspectos do brincar *simbólico* da criança – ou, como definimos anteriormente, do *playing*, segundo a perspectiva winnicottiana –, optamos pelo teste projetivo chamado MPPE (Maleta Projetiva da Primeira Infância), primeiro teste projetivo adaptado para crianças que se situam no período anterior ao desenvolvimento da linguagem (Roman, 2005). O teste caracteriza-se por uma situação de observação do jogo da criança, que é convidada, por um período de 30 minutos (sem a interferência do observador ou da mãe presentes na sala), a brincar com os brinquedos disponíveis num tapete e organizados de maneira padronizada (urso de pelúcia,

12 Em referência ao trabalho de Meltzer et al. (1980), em que postulam a hipótese de que a exploração do objeto pelo caráter oral corresponde ao primeiro meio instrumental pelo qual a criança pode aceder a uma exploração mais rica e detalhada do próprio objeto. Por sua vez, Bullinger (2007) defende a ideia de que seria no espaço que circunscreve a boca do bebê que se despertariam as sensibilidades mais profundas associadas a suas experiências táteis. Nessa mesma perspectiva, temos o pensamento de Haag (2005b, 2021), que postula que essa capacidade de investir oralmente nos objetos sinaliza a boa organização dos diferentes fluxos sensoriais do bebê (sincronicidade polissensorial), que se organizariam na zona da oralidade, na busca pelo encontro da satisfação pulsional via o encontro boca-mamilo-olhar.

telefone, boneca, panelinhas etc.). A MPPE nos permite avaliar a produção simbólica do brincar da criança de maneira objetiva, sem negligenciar os aspectos transferenciais do clínico-observador nem os aspectos subjetivos e projetivos da criança que brinca. Em outras palavras, a MPPE fornece uma dupla leitura do brincar, no que se refere tanto aos seus aspectos quantitativos quanto qualitativos.

Dessa maneira, aplicou-se a MPPE às crianças estudadas nas idades aproximadas de 15, 24 e 36 meses – idades em que é possível observar traços de expressões de um brincar mais elaborado, que vem confirmar o acesso da criança ao campo do simbólico.

Figura 8.4 – Ilustração da aplicação do teste projetivo MPPE.

Vale dizer que a MPPE nos permitiu avaliar o desdobramento do brincar simbólico da criança na medida em que nos oferece uma espécie de escala detalhada do desencadeamento das diferentes etapas do brincar, a partir da correlação entre a escolha do objeto-brinquedo, disponível no tapete do jogo, e a maneira como a criança explora e brinca com cada objeto. Esse estudo minucioso foi realizado por meio de 48 indicadores, distribuídos em sete categorias: (1) HJ (*hors du jeu*), explorações de objetos fora da área do tapete do teste MPPE;

(2) SM, explorações sensório-motoras; (3) RC, a criança solicita a participação da mãe ou do clínico; (4) RE, faz uso da realidade externa; (5) EI, recorre a cenas de evitamento e inibição; (6) IF, presença do brincar de faz de conta, com recursos ao imaginário e à fantasia; (7) OC, objetividade e controle. A leitura do instrumento foi feita pela contagem da frequência dos indicadores presentes no decorrer da produção do brincar da criança. O resultado final obtido nos oferecia uma leitura detalhada sobre a qualidade da expressão do brincar da criança.

Enfim, como nossa pesquisa visava também analisar a relação entre a qualidade da produção simbólica do bebê e a qualidade da dinâmica interativa da díade mãe-bebê, tornou-se essencial dar continuidade a essas observações. Para isso, correlacionamos os dados da MPPE com os da CIB – esta aplicada nas idades de 15 a 24 meses –, a partir das sequências de filmes recolhidas segundo o protocolo *tapis rouge*, mencionado anteriormente, cujos resultados nos propomos a apresentar no capítulo seguinte.

9. O brincar da criança como vetor de comunicação de seu processo de maturação psíquica

Os resultados do nosso estudo mostram que, desde os 6 meses de idade, é possível detectar particularidades específicas na maneira de se engajar, manipular e explorar o objeto apresentado e investido pelo adulto familiar dos diferentes grupos de bebês estudados. Pudemos também constatar que os bebês com risco de autismo compartilham e respondem de maneira diferenciada o convite de um brincar a dois, o que marca ausência de ritmicidade e sincronicidade nesse momento inicial da brincadeira entre mãe e bebê, como descreveremos a seguir.

Pudemos observar pelas análises do protocolo CIB que os bebês com síndrome de West com risco de autismo apresentavam, desde a idade de 6 meses, sinais de retraimento e de ausência de endereçamento à figura materna. Essas observações são demonstradas pela alta frequência do indicador *withdrawal* (recuo) da escala da CIB, índice que variou de 3 a 5 para os bebês com risco de autismo, enquanto, para as crianças dos outros dois grupos, não houve presença desse indicador.

Vale dizer ainda que a CIB, responsável por avaliar a qualidade e o investimento das trocas relacionais entre mãe e bebê, demonstrou que a qualidade do engajamento materno entre os três grupos estudados, nas idades de 6 a 9 meses, mostrou-se inalterada entre os três grupos. Esse dado parece revelar um elemento importante, que condiz com as pesquisas atuais sobre a clínica da intervenção precoce, nas quais pontua-se o estado de sideração e um sentimento extremo de impotência vivenciados pelas mães dos bebês com risco de autismo, provocados pela ausência de respostas de seu bebê (Laznik, 2020).

Essa ausência de investimento do bebê para com o objeto materno despotencializa a mãe, que passa a não acreditar mais no bom desempenho de sua função materna e, por consequência, passa a investir pouco na relação, convocando menos seu bebê. Segundo essa hipótese, seria o bebê o responsável pela desorganização psíquica materna, o que fomentaria a ideia sustentada atualmente de que a origem do autismo não deve ser tomada pelo viés da psicogênese, mas de uma patologia multifatorial.

Como sugere Golse, "hoje, compreende-se o autismo como uma patologia plurifatorial, na qual haveria fatores genéticos interagindo com fatores ambientais" (citada por Saboia, 2022, p. 426). Esse autor ainda enfatiza "que, pelo âmbito da genética, o autismo não deve ser compreendido pelo modelo da genética clássica, mas por um modelo fazendo apelo a uma genética de traços complexos e a um processo de interações epistáticas ainda mal conhecidas" (Golse, 2005, p. 430). Isso leva a conceber a origem do autismo infantil como um conjunto de fatores que englobam a própria interface da parte pessoal da criança, isto é, seu equipamento neurobiopsicológico, com os diversos efeitos de encontro com seu ambiente biológico, cognitivo e relacional.

Em relação aos resultados da CIB, pudemos constatar o que frequentemente vemos na clínica: um intenso desinvestimento por parte das mães, que se defendem desse estado de extrema angústia e vazio para sobreviver psiquicamente. Estado este que reverbera na qualidade de suas produções vocálicas, as quais passam a ser marcadas pela ausência de picos prosódicos e do próprio mamanhês, bem como na maneira como a mãe se endereça e dialoga com seu bebê, como nos aponta a análise da CIB ao revelar a queda significativa do indicador *sensitivity*, passando de um índice de 4,5 para 3,5.

Ainda em relação ao grupo West com risco de autismo, observou-se que, na idade próxima dos 15 meses, parece que essa dissonância entre as trocas rítmicas e harmônicas da díade fica mais destoante, uma vez que as crianças desse grupo se mostram mais fechadas e menos sensíveis aos apelos de convocação da mãe. Essa ausência de respostas das crianças leva a mãe a tomar atitudes mais intrusivas, como nos mostra o resultado da CIB aos 24 meses, quando comparada aos dois outros grupos estudados.

A título de exemplo dessas atitudes invasivas, tínhamos cenas nas quais as mães colocavam frequentemente a girafa muito próxima ao rosto da criança, num gesto desarmônico e invasivo, que correspondia mais a um apelo para que a criança se interessasse pelo objeto compartilhado pela mãe. Essas observações nos levam a deduzir que a qualidade das respostas do bebê influencia diretamente o padrão do investimento materno, o que vai ao encontro da posição de Winnicott ao afirmar que a mãe faz o bebê da mesma maneira que o bebê faz a mãe, bem como da importância da ritmicidade do diálogo tônico-emocional entre a dupla mãe-bebê para que o *playground* ou *interjogo* da díade se instale de maneira favorável.

As análises microscópicas do brincar dos bebês estudados pelo programa ELAN indicaram que os bebês West com risco de autismo mostram-se menos interessados em explorar o objeto-girafa apresentado por sua mãe. Notamos ainda que o desinteresse desses bebês em se direcionar ao objeto, agarrá-lo, manipulá-lo, enfim, em responder ao convite de um brincar compartilhado com sua mãe não seria decorrente de um provável comprometimento no desenvolvimento psicomotor – quadro comum entre as crianças com síndrome de West. Isso porque, ao compará-los com os bebês West com atraso do desenvolvimento, observamos que estes se mostram bem mais ativos e interessados em se engajar na brincadeira com o outro; apesar de suas limitações físicas, são nítidos sua curiosidade e seu prazer em compartilhar com o adulto o "objeto achado e criado" – em referência à dinâmica winnicottiana encontrado/criado.

Além disso, identificamos uma ausência significativa de exploração oral do objeto-girafa por parte dos bebês com sinais de autismo na idade de 6 meses (Tabela 1). Essa ausência de investimento libidinal da zona erógena bucal sinaliza uma falha precoce no que se refere à organização das primeiras experiências sensoriais com o objeto, bem como um comprometimento quanto ao investimento pulsional do objeto. Isso parece acentuar-se ainda mais quando observamos que, aos 9 meses, esses bebês exploram o objeto pela boca por meio de gestos pobres e efêmeros, com uma duração média de 0,8 segundos (Tabela 2), ao passo que, nos bebês do grupo de controle, essa duração poderia se estender até 3,5 segundos, de acordo com os resultados analisados pelo ELAN. Já em relação aos bebês com atraso do desenvolvimento, observamos que, apesar da dificuldade em endereçar os objetos à boca devida ao seu comprometimento psicomotor, há neles a presença de vocalização, o que sinaliza investimento libidinal nessa região da zona oral, diferentemente dos bebês com sinais de autismo, que parecem vivenciar a boca como amputada de seu corpo.

Tabela 1. Frequência média das categorias analisadas por grupo de crianças

Grupo	Idade (meses)	A	B	C	D	Total
Risco de autismo	6	7,5	0,0	0,0	0,0	1,9
	9	4,3	1,3	0,8	2,0	2,1
Atraso do desenvolvimento	6	5,0	2,5	1,0	9,0	4,4
	9	7,7	2,0	0,0	8,0	4,4
Controle	6	8,0	7,0	1,8	7,0	5,9
	9	5,8	8,8	1,8	8,8	6,1

A: a criança olha o objeto; B: a criança agarra o objeto; C: a criança direciona o objeto à boca; D: respostas sincrônicas entre a díade mãe-bebê.

Tabela 2. Duração média de cada categoria (em segundos)

Grupo	Idade (meses)	A	B	C	D
Risco de autismo	6	1,9 (1,2-4,5)	0,0 (0,0-0,0)	0,0 (0,0-0,0)	0,0 (0,0-0,0)
	9	3,0 (2,5-4,0)	1,4 (0,3-2,5)	0,8 (0,5-1,1)	0,8 (0,6-1,2)
Atraso do desenvolvimento	6	5,8 (2,3-9,3)	2,8 (1,9-14,4)	0,3 (0,3-0,5)	2,5 (1,8-4,7)
	9	5,8 (3,7-15,1)	1,0 (1,5-19,1)	0,0 (0,6-0,0)	1,7 (0,9-5,1)
Controle	6	6,8 (2,6-14,5)	1,9 (1,9-13,8)	0,8 (0,3-3,6)	3,4 (1,8-5,3)
	9	6,7 (2,3-12,0)	2,2 (1,5-15,7)	0,5 (0,6-3,5)	3,6 (2,2-9,2)

A: a criança olha o objeto; B: a criança agarra o objeto; C: a criança direciona o objeto à boca; D: respostas sincrônicas entre a díade mãe-bebê.

Os resultados de nosso estudo revelaram que os bebês com risco de autismo direcionavam seu olhar ao objeto com uma atenção comparável à dos bebês saudáveis (Tabela 1), o que vem confirmar a hipótese das últimas pesquisas sobre autismo precoce (Maestro & Muratori, 2002), que ressalta que os bebês diagnosticados com riscos de autismo não são completamente indiferentes à presença do adulto familiar nem à presença de objetos inanimados quando estes são "investidos" ou "animados" por aquele que exerce a função materna. Nesse sentido, a atenção enquanto *função primária* não estaria comprometida; isso só ocorreria no que concerne ao seu caráter de *função social*, o que provavelmente explica a razão pela qual esses bebês *veem*, mas não *olham*, já que o olhar demanda, de fato, uma maior sensibilidade à interação com o outro, bem como à percepção dos objetos externos do ambiente. Essa hipótese talvez explique a dificuldade observada no bebê autista de sustentar seu olhar e sua atenção ao objeto-girafa quando ele é introduzido e apresentado por sua mãe.

Constatamos, por exemplo, que esses bebês West com risco de autismo, na idade de 6 meses, sustentam seu olhar no objeto numa duração média de 1,9 segundos, que é 5 segundos menor em relação ao grupo de bebês saudáveis e 4 segundos menor em relação aos do grupo de bebês West com atraso do desenvolvimento (Tabela 2). Essa diferença torna-se ainda mais considerável aos 9 meses de idade, quando observamos que os bebês West autistas são capazes de manter sua atenção no objeto-girafa, "investido" por sua mãe, por no máximo 4 segundos, ao passo que, para os bebês normais, essa duração pode ser de até 12 segundos.

Esse resultado reforça a ideia de que os bebês que se tornarão autistas não apresentam problemas em buscar o olhar do cuidador; sua dificuldade é relacionada mais à sua capacidade de sustentar este olhar. Isso ocorre porque, como esse olhar acontece de maneira efêmera, o bebê acaba não estabelecendo o diálogo olho a olho com o objeto materno, culminando na ausência da experiência de interpenetração do olhar, tão fundamental para a experiência de organização corporal do bebê (Haag, 1985, 1988/2018).

Os resultados fornecidos pelo ELAN apontaram uma incidência zero no que se refere às respostas sincrônicas da díade mãe-bebê na presença do objeto terceiro (girafa) para o grupo com risco de autismo, sugerindo, assim, um comprometimento da "sintonia afetiva" (Stern, 1989/2006) e, por conseguinte, da "atenção compartilhada" do bebê. No decorrer da pesquisa, pudemos verificar que a dificuldade desses bebês em explorar o brinquedo girafa – em resposta ao convite de um jogo interativo com sua mãe – parecia, de fato, ser um indicador de uma dificuldade futura da criança de se engajar na produção de um brincar simbólico.

Tal hipótese foi constatada quando avaliamos o brincar dos bebês do grupo West com risco de autismo na idade de 15 meses:[1] notamos que essas crianças recusavam-se a explorar os objetos disponíveis no tapete de jogo; muitas vezes, recorriam à exploração dos objetos da sala de filmagem, ao mesmo tempo que preferiam permanecer rodopiando nos cantos da sala. Quando solicitávamos diretamente sua atenção, poucas vezes elas nos respondiam, negando-se a explorar os objetos de jogo, além de se mostrarem indiferentes à presença da mãe e do terapeuta. Isso diferia das crianças West com atraso psicomotor sem traços de autismo, pois, apesar da dificuldade de se deslocar, elas buscavam explorar os objetos de jogo com grande interesse e curiosidade, solicitando ajuda ao adulto quando necessário.

Ainda sobre o brincar simbólico da criança, apontado pelos resultados da MPPE, observamos que, entre as idades de 24 e 30 meses, essas mesmas crianças passavam a se interessar pelos brinquedos da MPPE, embora de maneira pobre e estereotipada – as explorações eram feitas sem intencionalidade, ou seja, sem que houvesse de fato a presença de um investimento pulsional em relação a esses objetos. A criança, por exemplo, pegava o patinho de borracha e o esfregava com movimentos repetitivos sobre o tapete do jogo; em seguida, de

---

1 Esta avaliação foi feita pelo teste projetivo MPPE (Roman, 2004), único teste adaptado à primeira infância que permite avaliar os aspectos psicodinâmicos da criança por meio da análise minuciosa da construção do seu brincar simbólico. Agradeço a P. Roman pelas ricas discussões clínicas nas avaliações dos resultados das aplicações da MPPE no seio do PILE.

modo aleatório, pegava outro brinquedo para manipulá-lo de forma mecânica. Observou-se, assim, que as interações das crianças com os objetos eram marcadas, predominantemente, por explorações de caráter sensorial, ao contrário do que se dava com as crianças do grupo de controle e com as crianças que apresentam atraso do desenvolvimento, como aponta o gráfico da leitura dos resultados estatísticos da MPPE (Figura 9.1).[2]

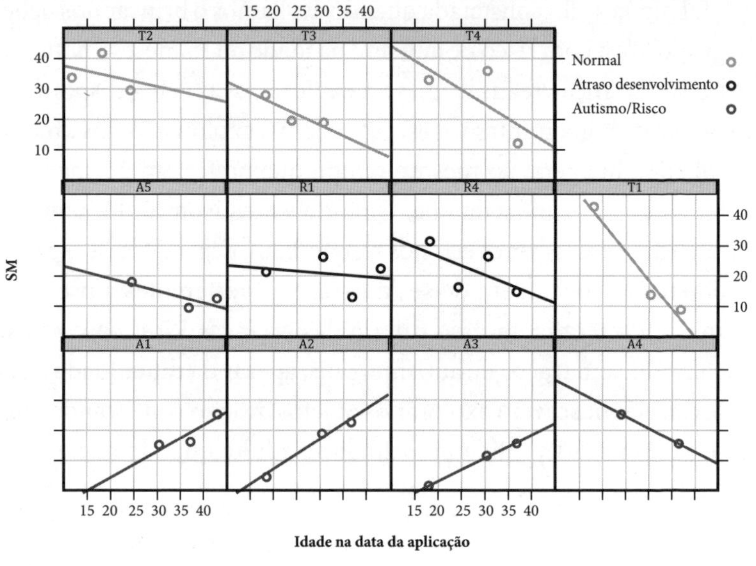

Cinza médio: crianças saudáveis (grupo-controle).

Preto: crianças com atraso do desenvolvimento.

Cinza claro: crianças com risco de autismo.

Figura 9.1 – Explorações sensoriais dos objetos do jogo da MPPE (SM) *vs.* idade em que a MPPE foi aplicada à criança.

2 Observa-se aqui uma diferença significativa entre as crianças A5 e A4 e as outras crianças do mesmo grupo: ambas não tiveram o diagnóstico de autismo confirmado aos 3 anos.

Por volta dos 30 meses, verificamos um maior investimento das crianças autistas em relação aos objetos, visto que agora elas os exploravam oralmente. Essas explorações de caráter oral sugerem uma *apropriação* da região erógena bucal no processo de integração da imagem corporal da criança. Supõe-se que, à medida que tais crianças conquistam esse novo registro corporal, sua relação com os objetos do ambiente passa a ganhar uma nova condição: se antes elas tinham uma tendência de evitar e ignorar os objetos de jogo, o que mostra seu funcionamento segundo um registro *anobjetal*, agora elas passam para um *estado objetal*, em que há intencionalidade de interagir e explorar os objetos de jogo, ainda que de forma estereotipada ou por meio de objetos autísticos.

Podemos observar assim que a exploração oral do bebê com sinais de autismo, ausente nos primeiros meses de vida, como apontaram os resultados da análise microscópica das interações mãe-bebê analisadas aos 6 e 9 meses, surge apenas por volta dos 2 anos e meio. Esse resultado parece ir na mesma direção dos estudos clínicos apontados por Haag (2021), ao relatar que as explorações orais tardias dos objetos pelas crianças autistas mostrariam, exatamente, a falha nas organizações dos fluxos sensoriais nos primeiros meses de vida, os quais, por sua vez, se organizariam em torno do contorno da boca desde as primeiras mamadas.

A autora enfatiza, por exemplo, que, no momento da amamentação, ao sugar o seio materno, o bebê vivencia o encontro primário boca-mamilo, que, juntamente com a experiência de apoio da sustentação dorsal e da interpenetração do olhar da mãe, favorece meios para que o bebê vivencie o sentimento de continuidade e de unidade do eu corporal, sendo estes fundamentais para que o bebê possa vir a ser capaz de organizar os diferentes fluxos sensoriais. Esta "sincronia polissensorial" parece ser determinante para que haja o estabelecimento do investimento libidinal da região do contorno da boca, responsável pelas explorações de cunho autoerótico que, como vimos, se mostram falhas nos bebês autistas.

Ainda sobre os resultados do brincar das crianças analisadas pelo teste projetivo MPPE, pudemos observar que, aos 2 anos de idade, as crianças autistas, à medida que apresentam uma melhor organização de sua imagem corporal, bem como de sua organização espaço-temporal, passam a se engajar na exploração dos objetos; por exemplo, pegavam os objetos e os batiam uns contra os outros, num movimento ritmado, na busca de produzir sons. É interessante destacar aqui que esses comportamentos parecem ilustrar a ideia preconizada por Maiello (1998), segundo a qual a construção da relação objetal da criança se edificaria graças às experiências regidas pelo ritmo e pela musicalidade entre o bebê e o mundo externo.

Podemos, porém, detectar facilmente que essas explorações sonoras rapidamente ganham um caráter mecânico e estereotipado, fazendo jus à hipótese de que a única forma que essas crianças encontram para estabelecer uma relação entre o eu e os objetos externos do ambiente seria, provavelmente, por intermédio dos objetos autistas, como descrito no Capítulo 6 deste livro.

Por fim, ao analisar a produção do jogo simbólico das crianças autistas, pudemos observar uma correlação importante entre a sua interação nos primeiros meses com a mãe e sua capacidade de se engajar na produção do jogo simbólico. Por exemplo, constatou-se que a baixa frequência nos indicadores *reciprocity* e *involvement*, associados às respostas sincrônicas e à capacidade do bebê de responder à convocação da mãe segundo a escala da CIB, estaria correlacionada ao baixo índice de respostas do tipo "associação", responsáveis por sinalizar o esboço do brincar simbólico e de brincadeiras com presença de "faz de conta" e de fantasia.

10. A dupla função simbolizante do brincar e sua contribuição na detecção de sinais de autismo em bebês de risco

Ao chegarmos ao final deste livro, retornamos a nossa questão inicial: seria possível detectar, precocemente, particularidades das primeiras explorações do bebê com os objetos reais e concretos que lhe são apresentados (*object-presenting*) que pudessem sinalizar possíveis aspectos patológicos em curso, como o autismo? Afinal de contas, a forma como os bebês exploram os objetos e os compartilham com o adulto familiar revelaria aspectos sobre seu processo subjetivo e, desse modo, a maneira como seu desenvolvimento psíquico está se organizando?

Graças ao estudo das análises microscópicas, relatadas no capítulo anterior, constatamos o quanto a especificidade do funcionamento autístico, claramente reconhecida na criança a partir dos 2 ou 3 anos de idade, se organiza pouco a pouco, desde um tempo precoce de seu desenvolvimento. Supomos que essa organização típica do quadro do autismo infantil encontra sua origem nas possíveis falhas nos investimentos sensoriais e pulsionais da criança com os objetos reais do ambiente, as quais dificultariam o estabelecimento das trocas relacionais entre a mãe e seu bebê.

Como dito anteriormente, os bebês com sinais de autismo sinalizam, desde a idade de 6 meses, dificuldades em responder às tentativas de convocação para um brincar a dois. Aos 9 meses de vida do bebê, essas dificuldades parecem acentuar-se à medida que a ausência da ritmicidade do diálogo tônico-emocional da dupla mãe-bebê fica ainda mais significativa, agravando-se por volta dos 18 meses, até se desdobrar numa ruptura quase total da díade, por volta dos 2 anos e meio de vida.

Como visto nos capítulos anteriores, a ritmicidade do diálogo emocional entre a mãe e seu bebê influenciaria o surgimento do interjogo, denominado por Winnicott *playground*. Nesse sentido, verificamos que o bebê que é privado de momentos de trocas prazerosas com o objeto materno se vê, por sua vez, impossibilitado de se engajar na exploração do objeto apresentado e investido pelo adulto de referência. Foi o que constatamos, por exemplo, ao observar que os bebês com sinais de autismo mantinham-se em uma posição passiva diante do objeto ofertado pela mãe. Eles pouco agarravam a girafinha, a manipulavam ou mesmo a exploravam oralmente, e essa ausência das explorações sensoriais vividas pela própria manipulação dos objetos concretos desdobrava-se numa ausência de um brincar a dois e, portanto, de momentos que sugerissem a experiência de um prazer compartilhado entre a dupla mãe-bebê.

Vale dizer que cenas desse tipo são igualmente observadas no trabalho clínico com esses bebês, descritas por Laznik (2000a), por exemplo, como a ausência do fechamento do terceiro tempo pulsional, que se caracteriza pelo momento no qual o bebê, ao se reconhecer como aquele capaz de suscitar o prazer em sua mãe, busca oferecer-se como objeto de gozo, com a finalidade de dar continuidade a esse momento lúdico e prazeroso. Por esse mesmo viés, podemos também citar as observações clínicas de Haag (1985), que descreve a importância do jogo pulsional estabelecido entre a mãe e seu bebê, regido pelo movimento do bebê de enviar conteúdos ao objeto materno, os quais serão traduzidos e devolvidos graças a sua função reflexiva e metabolizante (no sentido bioniano), formando uma espécie de circuitos relacionais denominados anéis relacionais (*boucles de retour*). Ambas as autoras ressaltam que possíveis falhas nesses circuitos pulsionais culminam em movimentos de retraimento relacional, que podem resultar numa organização psíquica do tipo autística.

Esses dados clínicos parecem dialogar com os resultados obtidos na pesquisa PILE, relatada no capítulo anterior, fundamentada no método da observação, na qual se constatou, por meio dos resultados das análises microscópicas das interações mãe-bebê, uma alta frequência de comportamentos de recusa por parte do bebê com risco de autismo em responder ao convite de brincar a dois. Esse fato vem reforçar o quanto o trabalho de pesquisa e o da clínica se fomentam e se complementam, não havendo, portanto, uma cisão entre a "criança observada" e a "criança da clínica".

Vale lembrar, como mencionamos no Capítulo 6, que o próprio Winnicott, em seu artigo "Sobre a contribuição direta da criança para a psicanálise" (1957/1970), ressalta que o "método de observação" não seria antagônico ou substituto ao "método clínico", mas estes seriam complementares, uma vez que o estudo do comportamento revelaria aspectos da ontogênese humana, além de aspectos globais do desenvolvimento do sujeito. Inferimos que o terapeuta clínico, ao ser atravessado pela experiência da observação, carregaria consigo um olhar sensível, que o tornaria suficientemente apto para "apreender" e captar a linguagem dos primórdios, externalizada tanto via o corpo quanto via o comportamento da criança.

Essas hipóteses sustentadas por Winnicott (1941/1968) são oriundas de sua prática clínica, exercida com um olhar atento e sensível, presente na descrição de seu célebre artigo "Observações numa situação padronizada", como mencionado na primeira parte deste livro. Winnicott, ao observar o comportamento dos bebês sentados ao colo de suas mães, quando lhes era apresentado um objeto-espátula, conclui que a avidez e a maneira como a criança se endereça, manipula e compartilha sua exploração com a mãe sinalizariam aspectos emocionais do bebê, revelando a qualidade de suas primeiras trocas relacionais com o objeto materno. Tais observações o levam a conceituar a existência dos "objetos transicionais", o que foi, sem dúvida, sua maior contribuição teórica (Winnicott, 1971/1975a).

Anos mais tarde, ele aprofunda sua teoria das relações objetais, desenvolvendo-a em seu artigo intitulado "O uso de um objeto e relacionamento através de identificações" (1971/1975b), ao enfatizar que, para que o bebê venha a fazer "uso do objeto" de maneira criativa e simbólica, seria necessário desenvolver, primeiramente, "uma relação com o objeto" (*object-relating*). Essa relação parece justamente ser regida pela capacidade do bebê de ir ao encontro do adulto na busca do prazer compartilhado, portanto, seria apenas por meio dessas trocas iniciais e desse diálogo emocional, presentes nos primeiros momentos de vida do bebê, com o objeto materno que se instala o "interjogo" entre a díade, condição *sine qua non* para que o bebê aceda à intersubjetividade.

Sobre esse jogo inicial, temos o estudo de Roussillon (2008b), que conceitua o desenrolar da construção do brincar simbólico a partir de três etapas, assim denominadas: "brincar autossubjetivo", "brincar interativo" e "brincar intrassubjetivo". O "brincar autossubjetivo" diz respeito às experiências sensoriais vivenciadas no próprio corpo do bebê, por exemplo, quando ele explora a cavidade interna de sua boca com movimentos circulares da língua, quando explora oralmente e contempla suas mãozinhas por volta dos 2 meses de vida, fazendo movimentos circulares seguidos de explorações autoeróticas, que seriam protótipos das primeiras imagens pulsionais do eu corporal, descritas por Haag (citada por Saboia, 2022).

Supomos que o surgimento das "identificações intracorporais", descritas por essa autora, ilustraria exatamente a tentativa do bebê de elaborar psiquicamente a experiência de separação vivida com o objeto materno, à medida que o bebê "brinca" de reunir seus dois lados do corpo – o "lado mamãe" a seu "lado bebê" –, entrelaçando sua mão direita (lado mamãe) à sua mão esquerda (lado bebê). A junção desses dois hemicorpos permitiria ao bebê construir o eixo central de seu corpo, representado pelo seu tônus central, que possibilitaria o entrecruzamento dos membros superiores (mãos) com os membros inferiores (pés) e, com ele, a construção dos dois principais eixos do eu corporal. Nesse sentido, diríamos que seria por meio do brincar precoce, expressado pelas experiências sensoriais, que o bebê estaria produzindo a própria matéria-prima do simbolismo primário, o que nos leva a pensar que o brincar primitivo seria, por si mesmo, constitutivo do processo subjetivo do bebê.

Por esse mesmo viés, podemos evocar a posição de Jones (1916/1979), citada no Capítulo 3, e mesmo a de Fédida (1978/1984). Este, ao descrever o conceito de *objeu* (objeto eu)[1], ressalta que o corpo do bebê seria palco das projeções externas de seus *protofantasmas* e, ao mesmo tempo, que é através dele que o bebê passa a simbolizar a matéria-prima psíquica. Vale dizer que essa passagem do *jogo autossensorial* para o *jogo autoerótico*, situada nessa produção do "brincar dito autossubjetivo", representaria justamente a passagem de uma relação "anobjetal", sem o registro da presença de um "objeto-outro", para a internalização da presença do objeto materno.

O bebê, ao sugar seu polegar, numa exploração do tipo autoerótica, estaria justamente procurando o prazer compartilhado, vivenciado previamente com sua mãe, investimento que favorece a internalização do objeto perdido, simbolizando, portanto, sua

1 P. Fédida faz uso a esse neologismo ao mencionar o termo usado pelo poeta francês P. Ponge. O *Objeu* seria a junção da palavra *objet* (objeto) com *jeu* (jogo).

ausência. Isso vem, então, corroborar a ideia de que o processo de internalização do objeto só pode ser efetuado a partir da presença de um objeto-outro e, sobretudo, da experiência de um prazer compartilhado com este, e não pela sua ausência, segundo o modelo clássico da metapsicologia freudiana.

Vale aqui citar o trabalho realizado pelo Instituto Lóczy de Budapeste, desenvolvido pela pediatra E. Pikler (citado por Saboia & Kupfer, 2017), cuja premissa principal é privilegiar os cuidados corporais do bebê como uma forma de lhe garantir a experiência de um encontro dual "suficientemente bom", capaz de levá-lo a experimentar vivências de um prazer compartilhado com o adulto de referência, condição fundante para que o bebê se engaje no brincar livre e criativo.

Quanto ao "brincar interativo", podemos descrevê-lo como a expressão do brincar do bebê que coincide com o momento no qual seu interesse não se restringe apenas ao objeto materno, mas a todas as experiências sensoriais vividas por meio dele, como seu toque, seu cheiro, sua voz etc. Sua busca na direção de um objeto-outro passa a não se limitar ao rosto da mãe, englobando também os objetos inanimados apresentados e investidos por aquela. A própria maturação psicomotora do bebê, por volta dos 6 meses, o impulsiona a ampliar seu interesse pela manipulação e exploração dos objetos concretos e reais do ambiente que o cerca. Nesse sentido, diríamos que a presença de um objeto terceiro, no jogo lúdico estabelecido entre a mãe e o bebê, favorece o descolamento do bebê do corpo da mãe, permitindo que o objeto materno seja, gradativamente, substituído pelos objetos transicionais.

Na condição em que esse brincar dito "interativo" se mostre deficitário ou falho, presenciamos percalços na passagem da capacidade da criança do estágio inicial de "relacionar-se com o objeto materno" para "fazer uso do objeto". Aqui, vale lembrar que Winnicott dá ênfase à ideia de relacionar-se "com" o objeto, o que vai além da ideia da relação "de" objetos, defendida pela corrente kleiniana da escola das relações de objeto.

A posição winnicottiana é revisitada por outros psicanalistas contemporâneos, como Roussillon (1999), ao afirmar haver uma nova dimensão no processo da composição da vida pulsional, uma vez que esta seria construída no próprio interjogo (*interjeu*) que se estabelece entre o sujeito e o objeto, o que implica dizer que a pulsão traria uma mensagem dirigida ao objeto, uma mensagem à espera de uma resposta. Isso vem corroborar a ideia de que o interpsíquico prevalece sob o intrapsíquico, ou seja, é necessário primeiro um encontro entre dois sujeitos – ambos carregados de uma vida pulsional – para que os próprios elementos internos do sujeito possam ser revelados e organizados psiquicamente. Dito de outro modo, seria considerar que é o interpessoal que, de fato, viabilizaria e sustentaria o intrapsíquico.

Assim, quando há um desencontro ou desajuste nesse momento inicial das trocas relacionais, que impede o bebê de fazer essa passagem entre a relação com o objeto para o uso do objeto, o bebê permanece *colado* ao objeto, não podendo passar de um registro *bidimensional* para um *tridimensional*. Isto é, seria como se ele não tivesse tido um encontro com o "objeto materno" suficientemente satisfatório, capaz de viabilizar uma separação que não fosse abrupta ou destruidora para o bebê. Sem essa vivência de separação, o pequeno *infans* se vê impossibilitado de vivenciar o processo de diferenciação entre o eu/não eu e, com isso, a construção de um espaço psíquico ou o surgimento da cavidade intersubjetiva, fundamental para o processo de maturação psíquica do bebê.

Foi o que constatamos, por exemplo, com as crianças do grupo de risco de autismo da pesquisa PILE, ao mostrarem, nos primeiros meses de vida, movimentos de recuo e evitamento a se engajar na exploração do objeto-girafa apresentado pela mãe. Vimos, por exemplo, que eles não buscavam os objetos para endereçá-los à boca, tampouco à sua mãe.

Observamos, ainda, que a recusa por parte desses bebês em estabelecer um brincar com sua mãe, aos 6 meses de vida, desdobrou-se aos 15 meses num brincar estereotipado, cujas explorações se limitavam às manipulações sensoriais dos objetos. Nesse momento, nos perguntávamos se esse tipo de comportamento sinalizaria justamente o surgimento dos objetos autísticos, uma vez que a ausência de exploração do objeto era agora substituída por explorações acompanhadas por investimentos autoeróticos, visto que essas crianças tendiam a colocar todos os objetos na boca, num investimento dessa zona do contorno da boca, até então ausente para esses bebês. Os objetos autistas seriam, provavelmente, a própria representação do fracasso da transição entre esses dois momentos da construção da relação objetal, a "relação com o objeto" (*object-relating*) e o momento no qual a criança se vê apta a "fazer uso do objeto" (*object usage*). A presença do objeto autista vem lembrar à criança sobre sua necessidade de "colar-se" aos objetos do ambiente, como uma forma de apaziguar o sentimento de descontinuidade e as sensações das "angústias primitivas de aniquilação", permanecendo ainda num registro bidimensional do tipo "ventosa", como diz Bick (1967/1968).

Winnicott, ao descrever a função da "apresentação do objeto" (*object-presenting*) juntamente como o *holding* e o *handling*, enfatiza a importância de o bebê interagir com o objeto que lhe é ofertado e associá-lo à presença do próprio objeto materno. Essa capacidade do bebê de se ater ao objeto total nos fala sobre o duplo papel daquela que exerce a função materna, pois, ao mesmo tempo que se apresenta como objeto materno, apresenta-se também como mãe-ambiente, introduzindo, para a criança, os objetos reais e concretos do ambiente.

Por exemplo, na observação do jogo da espátula, Winnicott diz que a forma como a criança explora o objeto daria indícios sobre o estado de seu desenvolvimento afetivo: "Ela pode ver na espátula apenas uma coisa que ela pega e joga, sem relacioná-la a um ser humano. Isso significa que ela ainda não tem a capacidade de reconstituir a pessoa total por detrás do objeto parcial" (1941/1968, p. 50). Nesse sentido, diríamos que é fundamental que o bebê não apenas tome o objeto para explorá-lo, como também compartilhe com o outro o objeto encontrado. Supomos que esse comportamento parece ser precursor do que denominamos "atenção compartilhada", indicador importante para avaliar se a criança apresenta risco de evolução autística.

Roussillon (2001) também nos convoca a pensar sobre a importância de considerar que a construção da relação objetal e, portanto, o acesso da criança à intersubjetividade se dariam graças à presença do objeto. Ele propõe que o objeto materno teria uma dupla função, na medida em que ele dever vir a ser simbolizado como objeto-outro, proporcionando condições para que o bebê conquiste sua alteridade, ao mesmo tempo que seria por meio dele – ou seja, graças ao encontro rítmico e sincrônico estabelecido com ele – que o bebê acessaria sua intersubjetividade. Roussillon compreende, portanto, que o objeto-materno teria uma dupla função simbolizante: "O objeto que se apresenta como objeto deve suportar ser 'utilizado' como objeto 'para' simbolizar" (Roussillon, 1999, p. 227).

Partindo desse mesmo viés, ele toma o conceito de "objeto maleável", apresentado por M. Milner (citado por Roussillon, 1999) como um objeto que teria também sua dupla função na medida em que, por meio de sua relação com ele, o sujeito poderia acessar seu mundo interno, oferecendo-se como uma tela para projetar seus (proto)fantasmas inconscientes, ao mesmo tempo que elaboraria seus impasses psíquicos. Sob essa mesma ótica, não poderíamos exatamente enquadrar o brincar precoce do bebê? Isto é, não seria por meio desse brincar precoce, representado pelas experiências sensoriais com os objetos reais e concretos do ambiente, que o bebê elaboraria e transferiria o impacto de suas relações objetais primeiras?

Ao tomarmos esses conceitos, entendemos que o brincar teria uma dupla função simbolizante, pois, "por meio" dele, o bebê acessaria sua intersubjetividade, construindo, portanto, seu mundo interno e seu espaço psíquico, ao mesmo tempo que, "no" próprio ato lúdico, a criança encontraria recursos para elaborar suas vivências psíquicas. Como já nos sublinhava Freud há mais de cem anos, ao interpretar o jogo do "*fort-da*" como uma tentativa de seu neto de simbolizar suas experiências de separação.

Sobre a última etapa dessas três categorias do desdobramento do brincar propostas por Roussillon, temos finalmente o "brincar intrassubjetivo", que corresponderia, na realidade, ao brincar de faz de conta. Por meio dele, a criança encontra recursos para elaborar os conteúdos de sua realidade psíquica, na busca de solucionar seus conflitos internos, à medida que experimenta, de maneira ativa, seus impasses psíquicos vividos anteriormente de maneira passiva. Assim, na repetição desse "brincar intrassubjetivo", a criança elaboraria seus conteúdos psíquicos, buscando nomear ou representar o afeto desses conteúdos que ainda não puderam ganhar um lugar, tampouco uma representação na sua cadeia associativa inconsciente.

Winnicott descreve como *playing* a capacidade da criança de brincar e nos chama atenção para que o trabalho analítico com esses jovens pacientes tenha como norte levá-los a experimentar o prazer por meio do lúdico. Então, no ato do brincar, a criança estaria apta a entrar em contato com seu potencial criativo e com seu verdadeiro *self*.

Contrariamente, nos casos em que a criança se vê impossibilitada de encontrar o prazer pelo brincar, aí podemos supor que há um comprometimento de seu processo maturacional. Nesse sentido, diríamos que o *playing* seria o desdobramento do jogo primitivo entre mãe e bebê ou, como o nomeou Winnicott, o *playground*, momento no qual se faz necessário que o bebê viva seu estado de onipotência, regido pelo paradoxo encontrado/criado, que levará o bebê a acessar o espaço potencial. Vale lembrar que Winnicott, ao descrever esse jogo inicial entre o bebê e sua mãe, enfatiza:

> *O bebê começa a fruir de experiências baseadas num 'casamento' da onipotência do acesso intrapsíquico com o controle que tem do real. Chamo isso de* playground *porque a brincadeira começa aqui. O* playground *é um espaço potencial entre a mãe e o bebê, ou que une a mãe e o bebê. (1971/1975, p. 67)*

Vemos aí, de maneira categórica, o pensamento de Winnicott, que toma a primeira expressão do brincar, dita *playground*, como um meio pelo qual o próprio elo relacional entre mãe e bebê se funda. Desse modo, vem situar o brincar da criança pelo viés de sua dupla função: à medida que o brincar primitivo permite ao bebê acessar o espaço potencial, seria somente por via da circulação por esse espaço intermediário que a criança brincaria simbolicamente, elaborando seus conteúdos psíquicos.

Assim, quando esse brincar primitivo se faz ausente, presenciamos um impacto na capacidade do bebê de se engajar na produção de um brincar simbólico. Por exemplo, observamos no estudo longitudinal dos bebês com risco de autismo no âmbito da pesquisa PILE que os bebês que apresentavam uma ausência de intencionalidade na exploração do objeto investido por sua mãe e, consequentemente, uma recusa de se engajar na brincadeira com ela apresentavam, entre as idades de 6 meses e 2 anos, um brincar marcado por explorações empobrecidas e estereotipadas. Essa manifestação do brincar é, em torno dos 2 anos e meio aos 3 anos, substituída por um brincar funcional, momento no qual a criança tende a reproduzir situações da vida cotidiana. Porém, em todos os casos estudados de crianças com sinais de autismo, observamos a ausência de um brincar de faz de conta e de um enredo que sinalizasse a capacidade da criança de circular por uma narrativa simbólica.

Essa situação difere do que se observou no grupo das crianças que apresentam apenas atraso do desenvolvimento, pois, apesar de seu comprometimento psicomotor, elas mostraram ser mais receptivas à proposta de um convite para um brincar a dois, quando buscavam ajustar-se nas trocas relacionais com o adulto de referência e nas próprias explorações sensoriais do objeto. Por exemplo, desde a idade de 6 meses, quando deparavam com suas limitações motoras ao explorar algum brinquedo, elas sustentavam suas explorações, solicitando ajuda à sua mãe por meio da busca do olhar ou por meio de vocalizações mais agudas. Esse comportamento também era visto posteriormente, fazendo com que as brincadeiras fossem mais elaboradas, desdobrando-se na produção de um brincar simbólico. Vale dizer, porém, que a produção do brincar dessas crianças se diferenciava das crianças que apresentavam o desenvolvimento esperado, sobretudo no que concerne à presença de enredos e de fantasias que sinalizam uma maior capacidade de circular pelo campo simbólico.

Em nossa prática clínica como terapeuta infantil, também presenciamos essas nuances no que refere à qualidade da produção do brincar de faz de conta entre crianças que apresentam maior ou menor desenvoltura na circulação pelo campo simbólico. Por exemplo, deparamos, frequentemente, com casos clínicos nos quais crianças com 2 e 3 anos que apresentam um brincar empobrecido, marcado pela ausência de fantasias e enredo, manifestam, posteriormente, na idade de alfabetização, dificuldades em atividades que as convocam a fazer uso de narrativas e interpretações. Esse fato vem corroborar a ideia de que o potencial criativo da criança e sua capacidade de circular pelo campo do simbólico apresentam-se gradativamente no decorrer de seu desenvolvimento e que, portanto, seus possíveis entraves não só podem como devem ser detectados precocemente.

Esses exemplos aqui relatados nos levam a pensar que a qualidade do brincar precoce do bebê e a expressão do brincar intrassubjetivo estariam intrinsecamente correlacionadas. Isso implica considerar que os bebês que tendem a ser mais resistentes em se engajar no convite de um brincar compartilhado com o adulto familiar (*play-ground*) – momento no qual a mãe se relaciona com seu bebê a partir da função descrita por Winnicott como *função da apresentação do objeto* (*object-presenting*) – demonstraram, ulteriormente, um comprometimento na qualidade do investimento dos objetos externos do ambiente, representado, por exemplo, pela incapacidade dessas crianças em explorarem o jogo de maneira rica e simbólica.

Constatou-se, ainda, que os primeiros indícios da maneira como o bebê está vivenciando e organizando suas primeiras relações objetais – ou seja, o modo como ele está *fazendo uso dos objetos do ambiente* – aparentam ser um importante sinalizador do desenvolvimento psíquico do bebê, uma vez que se pôde notar que os bebês com risco de autismo apresentavam, desde a idade precoce de 6 meses, uma forma particular de explorar e brincar, forma esta marcada, em especial, por explorações sem ritmo e sem intencionalidade, que parecem posteriormente vir a comprometer a *atenção compartilhada do bebê*, como pudemos observar aos 9 meses de idade. Essas evidências sugerem, ainda, possíveis entraves no processo constitutivo da criança, o que parece ser confirmado no *après-coup*, ao constatarmos a ausência do brincar simbólico dessas crianças aos 24 meses.

Seguindo essa perspectiva teórica, podemos sugerir que o autismo infantil pode ser compreendido como a manifestação de uma falha no processo de transição entre o modo mais primitivo de se relacionar com o objeto (*object-relating*) e o modo mais elaborado de uso do objeto (*object usage*), momento no qual a criança passa a usar os objetos de maneira rica e simbólica. Se considerarmos as pesquisas atuais sobre as origens do autismo, que entendem que o bebê com sinais de risco autístico apresenta, desde o tempo inicial de vida, uma importante desorganização corporal, responsável por dificultar suas trocas relacionais e a construção de seus laços afetivos com o adulto familiar (Muratori & Maestro, citados por Laznik, 2020), podemos, consequentemente, pensar que esse mesmo bebê cuja organização corporal se mostra falha não encontrará recursos para vivenciar, de maneira satisfatória e contínua, a experiência daquilo que compreendemos como o "brincar autossubjetivo".

Como vimos, essas primeiras experiências sensórias e autoeróticas serviriam de matéria-prima para o processo de simbolização da criança; assim, não poderíamos pensar que seria graças a esse brincar sensorial que o bebê vivenciaria esse primeiro estágio do processo da construção de sua relação objetal, nomeado por Winnicott de *object-relating*?

Partindo da ideia de que o brincar seria o ponto de partida para a construção das relações objetais e, portanto, do acesso da criança à intersubjetividade, reconhecemos como fio condutor do processo de subjetivação do bebê a própria qualidade da transição entre o *brincar precoce do bebê* (*playground)* e o *brincar simbólico da criança* (*playing)*, como pudemos desenvolver teoricamente ao longo deste livro. Nesse sentido, se crianças autistas mostram, exatamente, falhas nesse ponto de transição, poderíamos supor que elas não estariam aptas a brincar? Afinal, a criança autista não brinca ou, contrariamente ao que se pensa, ela teria uma manifestação própria de seu brincar?

Levando em conta os conceitos teóricos apresentados ao longo deste trabalho, cuja ideia central baseia-se no brincar a partir de sua dupla função simbolizante, isto é, ao mesmo tempo que permite que o bebê acesse a intersubjetividade oferece meios para que a criança entre em contato com conteúdos de sua realidade psíquica, poderíamos inferir que as explorações sensoriais e repetitivas das crianças autistas corresponderiam à expressão manifesta dos primeiros registros do "brincar autossubjetivo", portanto, diríamos que a criança autista estaria apta a brincar. Assim, mais do que intervir na direção de suprimir esses comportamentos e manifestações indesejados e incompreensíveis, devemos traduzi-los injetando neles sentidos e palavras, pois só assim as experiências sensoriais ganharão contorno e lugar nas cadeias associativas, alcançando, dessa forma, seu valor representativo. Portanto, é fundamental que o tratamento com as crianças autistas centralize seus esforços em oferecer-lhes subsídios terapêuticos "suficientemente bons" para que elas possam, via suas explorações sensoriais, encontrar meios para vivenciar a experiência de um prazer compartilhado. Só dessa forma elas poderão se tornar aptas a se engajar na produção do brincar mais criativo e menos enrijecido ou estereotipado.

Compreender que há a manifestação de um brincar precoce ou um protobrincar simbólico, que antecederia o brincar de faz de conta, abre novas perspectivas clínicas para entender o brincar como um modelo de escuta clínica, cuja cura analítica se situa na produção do jogo possível. Isso permite ao terapeuta reconhecer que as produções dos bebês ou das crianças autistas estão carregadas de conteúdos protossimbólicos que necessitam do encontro com o outro para serem revelados e traduzidos. Tanto o bebê nos conta sobre seu processo de adaptação ao mundo pelo seu brincar precoce quanto a própria criança autista nos conta sobre as falhas em seu processo subjetivo.

Para finalizarmos, cabe aqui lembrar que o brincar, antes de ser tomado pelo seu estatuto "cognitivo", é, sobretudo, "constitutivo", por ser o arcabouço da condição e do encontro humano.

Referências[1]

Abram, J. (2001). *Le langage de Winnicott: Dictionnaire explicatif des termes winnicottiens*. Popesco.

Alvarez, A. (1997). Une présence bien vivante (le travail de psychothérapie psychanalytique avec les enfants autistes, borderline, abusés, en grande carence affective). In A. Alvarez, *Regards sur les Sciences Humaines*. Editions du Hublot.

Anzieu, D. (1987). Les signifiants formels et le Moi-peu. In D. Anzieu, *Le Moi-peu* (pp. 1-22). Dunod.

Baron-Cohen, S. (1987). Autism and symbolic play. *British Journal of Developmental Psychology*, *5*(2), 139-148.

Baron-Cohen, S., Allen, J., & Gilberg, C. (1992). Can autism be detected at 18 months? The needle, the haystack and the chat. *British Journal of Psychiatry*, *161*(6), 839-843.

1 Também foram inseridos autores que, embora não citados diretamente no texto, consideramos importantes para o leitor se aprofundar no tema abordado.

Bateson, C. (1979). The epigenesis of conversational interaction: A personal account of research development. Before Speech. In C. Bateson, *The Beginning of Human Communication* (pp. 63-77). Cambridge University Press.

Beaulieu, A. (2021). *Prévenir l'autisme du bébé à risque: une approche corporelle et relationnelle.* Erès.

Bick, E. (1967/1968). The experience of the skin in early object--relations. *International Journal of Psychoanalysis, 49*(2-3), 484-486.

Bion, W. R. (1962/2003). *Aux sources de l'expérience.* 5e éd. PUF.

Bion, W. R. (1965/2002). *Transformations: passage de l'apprentissage à la croissance.* 2e éd. PUF.

Bion, W. R. (1967/2002). *Réflexion Faite.* 5e éd. PUF.

Bollas, C. (1989). L'objet transformationnel. *Revue Française de Psychanalyse, 53*(4), 1181-1199.

Bolton, P. F., Park, R. J., Higgins, J. N., Griffths, P. D. et al. (2002). Neuro-epileptic determinants of autism spectrum disorders in tuberous sclerosis complex. *Brain, 125*(6), 1247-1255.

Botella, S. (2001). *La figurabilité psychique.* Delachaux & Niestlé.

Botella, S. (2007). La naissance de la pulsion: les processus originaires et la pratique analytique. *Revue Française de Psychanalyse, LXXII*(1), 28-39.

Bleichmar, S. (1992/2000). Fondation de l'inconscient et la clinique de l'enfant. PUF.

Brunet, O., & Lézine, I. (1965). Échelle de developement psychomoteur de la première enfance: *Manuel d'instructions*. Éditions Scientifique et Psycho-tecnique.

Brusser, B. (2006). Métapsychologie des liens et troisième topique. *Revue Française de Psychanalyse, LXX*(5), 1213-1282.

Bullinger, A. (2007). *Le développement sensori-moteur de l'enfant et ses avatars: un parcours de recherche*. Érès.

Buser, P. (2007). Neurosciences et Psychanalyse. *Revue Française de Psychanalyse, LXXI*(2), 360-367.

Chabert, C. (1998). *Psychanalyse et méthodes projectives*. Dunod.

Chabert, C. (2006). Pulsions, emprise et narcissisme. *Revue Française de Psychanalyse, LXX*(5), 1308-1321.

Chaperot, C., Celacu, V., & Pisani, C. (2005). Réflexions à propos des thèses et des propositions de Kandel relatives aux liens possibles entre psychanalyse et neurosciences: pour la défense d'une irréductibilité de l'objet. *L'Évolution Psychiatrique, 70*(1), 131-139.

Choussecorte, P. (2006). Observation et psychanalyse controverses autour de l'observation des nourrissons. *Pespectives Psy, 45*(3), 274-288.

Chouvier, B. (1997). La capacité symbolique originaire. In P. Roman et al. (Orgs.), *Projection et symbolisation chez l'enfant* (pp. 15-25). PUL.

Colombo, E. (1998). Critique épistémologique de la notion de pulsion. *Topique: Les pulsions*, (66), 67-84.

Cullere-Crespin, G. (2004). Os sinais de sofrimento psíquico. In G. Cullere-Crespin, *A clínica precoce: o nascimento do humano* (pp. 47-69). Casa do Psicólogo.

De Clerck, R. (2004). Relations d'objet primaires ou narcissisme primaire? Une contribuition sur l'nfluence de la thèorie sur la technique psychanalytique. *Revue Française de Psychanalyse, LXVIII*, 1201-1221.

Dulac, O. (2001). What is West Syndrom? *Brain & Development, 23*(7), 447-452.

Fédida, P. (1978/1984). L'Objeu. Objet, jeu et enfance. L'espace psyhotérapeutique. In P. Fédida, *L'absence* (pp. 137-281). Gallimard.

Feldman, R. (1998). *Coding Interactive Behaviour (CIB) manual: unpublished manual.* Bar-Illan University.

Feldman, R., Greenbaum, C. W., Mayes, L. C., & Erlich, S. H. (1997). Change in mother-infant interactive behaviour: relations to change in the mother, the infant, and social context. *Infant Behavior and Development, 20*(2), 153-165.

Fernald, A., & Kuhl, P. (1987). Acoustic determinant or infant preference for motherese speech. *Infant Behavior and Development, 10*(3), 278-293.

Fernald, A., & Simon, T. (1982). Expanded intonation contours in mothers' speech to newborns. *Developmental Psychology, 20*(1), 104-113.

Freud, S. (1985/2002). De L'esquisse d'une psychologie scientifique. In S. Freud, *La naissance de la psychanalyse* (pp. 300-371). 8e éd. PUF.

Freud, S. (1877-1902/2002). Lettres à W. Fliess. In S. Freud, *La naissance de la psychanalyse* (pp. 48-303). 8e éd. PUF.

Freud, S. (1900/1987). *L'Intérpretation des rêves.* PUF.

Freud, S. (1905/1987). *Trois Essais sur la Théorie de la Sexualité.* Gallimard.

Freud, S. (1905/1988). Le mécanisme de plaisir et la psychogènese du mot d'esprit. In S. Freud, *Le mot d'esprit et sa relation à l'inconscient* (pp. 224-256). Gallimard.

Freud, S. (1908/1992). Les théories sexuelles Infantiles. In S. Freud, *La vie sexuelle* (pp. 14-27). 9e éd. PUF.

Freud, S. (1909) "Analyse d'une phobie chez un petit garçon de 5 ans (Le petit Hans) (1909) In : S. Freud, Cinq Psychanalyses Paris: PUF , 1975

Freud, S. (1914/1992). Pour introduire le narcissisme. In S. Freud, *La vie sexuelle* (pp. 81-105). 9e éd. PUF.

Freud, S. (1915/1968). Pulsions et destins des pulsions. In S. Freud, Métapsychologie (pp. 11-43). Gallimard.

Freud, S. (1916-1917/1982a). Les modes de formation des symptômes. In S. Freud, *Introduction à la psychanalyse* (pp. 337-355). Petite Bibliothèque Payot.

Freud, S. (1916-1917/1982b). La théorie de la libido et le narcissisme. In S. Freud, *Introduction à la psychanalyse* (pp. 389-406). Petite Bibliothèque Payot.

Freud, S. (1920/1991). Au-delà du principe du plaisir. In S. Freud, *Essais de Psychanalyse* (pp. 43-114). 8e éd. Payot.

Freud, S. (1924/1992). Le problème économique du masochisme. In S. Freud, *Névrose, psychose et perversion* (pp. 288-303). 8e éd. PUF.

Freud, S. (1925/1985). La négation. In S. Freud, *Résultats, idées, problèmes II* (pp. 135-139). PUF.

Freud, S. (1926/1975). *Inhibition, symptôme, angoisse*. 5e éd. PUF.

Freud, S., & Breuer, J. (1986/2002). Études sur l'hystérie. In S. Freud, *La naissance de la psychahnalyse*. 8e éd. PUF.

Gervais, H., Belin, P., Boddaert, N., Leboyer, M., Coez, A., Sfaello, I., Barthélémy, C., Brunelle, F., Samson, Y., & Zilbovicius, M. (2004). Abnormal cortical voice processing in autism. *Nature Neuroscience*, *7*(8), 801-802.

Gillberg, I. C., Gillberg, C., & Ahlsen, G. (1994). Autistic behaviour and attention deficit in tuberous sclerosis: a population-based study. *Developmental Medicine & Child Neurology*, *36*(1), 50-56.

Golse, B. (1999a). Espace paternel, triade et tiercéité: la question des précurseurs. In B. Golse, *Du corps à la pensée* (pp. 29-47). PUF.

Golse, B. (1999b). L'attachement entre théorie des pulsions et théorie de la relation d'objet. *Le Carnet-Psy*, (48), 16-18.

Golse, B. (2003). Contribution des nouvelles données scientifiques à la perspective psychanalytique. *La Psychiatrie de l'Enfant*, *XLVI*(1), 5-28.

Golse, B. (2004). Les bébés savent-ils jouer? *La Psychiatrie de l'Enfant*, *XLVII*(2), 443-455.

Golse, B. (2005). Autismo infantil: despiste e prevenção. *Revista Latino-Americana de Psicopatologia Fundamental*, *8*(3), 428-442.

Golse, B. (2006a). *L'Être-Bébé*. PUF.

Golse, B. (2006b). Autisme Infantile, intersubjectvité et subjectivation. In B. Golse, *L'Être-Bébé* (pp. 197-206). PUF.

Golse, B. (2006c). L'intersubjectivité. *Archives Carnetpsy*. Recuperado de: http://www.carnetpsy.com/Archives/Recherches/Itemsp41htm.

Golse, B. (2006d). Intérêt et limites d'une vision unifiée de l'autisme infantile: entre neurosciences et psychanalyse. In B. Golse, *L'Être-Bébé* (pp. 208-214). PUF.

Golse, B. (2006e). Les précurseurs du langage et de la communication: structure des états ou structure des processus? À partir d'une recherche en cours à l'Hôpital Necker Enfants Malades (Programme PILE). In B. Golse, *L'Être-Bébé* (pp. 217-257). PUF.

Golse, B. (2006f). À propos des stéréotypies chez les enfants autistes: entre recherche et évitement de l'objet, ou entre reprise développementale et dévitalisation. *La Psychiatrie de l'Enfant*, *49*(2), 443-458.

Golse, B., & Desjardins, V. (2004). Du corps, des formes, des mouvements et du rythme comme précurseurs de l'émergence de l'intersubjectivité et de la parole chez l'enfant (une réflexion sur les débuts du langage verbal). *Journal de la Psychanalyse de l'Enfant*, *35* (Langages), 171-191.

Green, A. (1975/1995). La psychanalyse, son objet, son avenir. In A. Green, *Propédeutique, la métapsychologie revisitée* (pp. 185-209). Editions Champ Vallon.

Green, A. (1979). L'enfant modèle. *Nouvelle Revue de Psychanalyse*, (19), 27-47.

Green, A. (1984/1995). L'objet et la fonction objectalisante. In A. Green, *Propédeutique, la métapsychologie revisitée* (pp. 229-265). Editions Champ Vallon.

Green, A. (1988/1995a). La pulsion et l'objet. In A. Green, *Propédeutique, la métapsychologie revisitée* (pp. 13-31). Editions Champ Vallon.

Green, A. (1988/1995b). Pulsion, Psyché, langage, pensée. In A. Green, *Propédeutique, la métapsychologie revisitée* (pp. 69-75). Editions Champ Vallon.

Green, A. (1990/1995). De l'objet non unifiable à la fonction objectalisante. In A. Green, *Propédeutique, la métapsychologie revisitée* (pp. 211-226). Editions Champ Vallon.

Green, A. (1992). À propos de l'observation des bébés, interview par Pierre Geissann. In A. Green, *L'observation du bébé: points de vue psychanalytiques* (pp. 133-153). Bayard.

Green, A. (2006). Repérage originaire et transformation du lien de Freud à Winnicott. *Revue Française de Psychanalyse*, *LXX*(5), 1289-1306.

Green, A. (2007). *Pourquoi les pulsions de destruction ou de mort?* Editions du Panama.

Gutierrez, G. C., Smalley, S. L., & Tanguay, P. E. (1998). Autism in tuberous sclerosis complex. *Journal of Autism and Developmental Disorders*, *28*(2), 97-103.

Haag, G. (1983). Autisme, psychoses infantiles précoces et psychanalyse (Colloque de Reims, 1982). *Neuropsychiatrie de l'enfance*, *31*(5), 261-263.

Haag, G. (1984). Autisme Infantile précoce et phénomènes autistiques: réflexions psychanalytiques. *Psychiatrie de l'Enfant*, *XXVII*(2), 293-354.

Haag, G. (1985). La mère et le bébé dans les deux moitiés du corps. *Neuropsychiatrie de l'Enfance et de l'Adolescence*, *33*(2/3), 107-114.

Haag, G. (1986). Hypothèses sur la structure rythmique du premier contenant (intervention en table ronde aux premières journées d'étude de thérapie familiale analytique. Toulouse, sept. 1984. *Das Gruppo*, (2), 45-53.

Haag, G. (1988/2018). Le dos, la présence d'arrière-plan, le regard et la peau: réflexions sur quelques jonctions psycho-toniques et psycho-motrices dans la première année de la vie. In G. Haag, *Le moi corporel: autisme et développement* (pp. 70-91). PUF.

Haag, G. (1991a). Nature de quelques identifications dans l'image du corps: hypothèses. *Journal de la Psychanalyse de l'Enfant*, (10), 73-92.

Haag, G. (1991b). De la sensorialité aux ébauches de pensée chez les enfants autistes. *Revue Internationale de Psychanalyse*, (3), 51-63.

Haag, G. (1993). Hypothèse d'une structure radiaire de contenance et ses transformations. In *Les contenants de pensée*, Dunod.

Haag, G. (1994). Aux sources de la vie: le langage préverbal et l'émergence des représentations du corps en situation psychanalytique individuelle ou groupale avec des enfants autistes. *Dialogue*, (123), 40-58.

Haag, G. (2004/2018). Les premières organisations pulsionelles et le moi corporel. In G. Haag, *Le moi corporel: autisme et dévelop-pement* (pp. 383-416). PUF.

Haag, G. (2005a). L'enfant autiste et l'objet sonore prénatal. In M. F. Castarede, & G. Konopezynski (Orgs.), *Au commencement était la voix* (pp. 192-210). Érès.

Haag, G. (2005b). Communication préverbale dans le développement précoce et à l'émergence des états autistiques. *Neuropsychiatrie de l'Enfance et de l'Adolescence*, (53), 349-353.

Haag, G. (2007a). Réflexions sur quelques particularités des émergences de langage chez les enfants autistes. In B. Touti, F. Joly, & M.-C. Laznik (Orgs.), *Langage, voix et parole dans l'autisme* (pp. 145-165). PUF.

Haag, G. (2007b). Réflexions de psychothérapeutes de formation psychanalytique s'occupant de sujet avec autisme. *Carnet Psy* (en ligne). Recuperado de: http://www.techniques-psychotherapeutiques.org/Documentation/Archives/Haag0105.html.

Haag, G. (2007c). *La psychanalyse et la recherche sur l'autisme.* Recuperado de: http://www.spp.asso.fr/.

Haag, G. (2021). Les premiers rassemblements sensoriels: l'arrière-plan et la première verticalité. In M.-D. Amy (Ed.), *Des troubles sensoriels aux stratégies thérapeutiques: autismes et psychanalyses – IV* (pp. 43-58). Érès, 2021. p.43-58

Haag, G., Tordman, S., & Duprat, A. et al. (1995). Grille de repérage clinique des étapes évolutives de l'autisme infantile traité. *Psychiatrie de l'Enfant*, *38*(2), 495-527.

Heimann, P. (1952/2005). Certaines fonctions de l'introjection et de la projection dans la première enfance. In M. Klein, P. Heimann, S. Isaacs, S., & J. Riviere, *Développement de la Psychanalyse* (pp. 115-158). 2e éd. PUF.

Hinshelwood, R.-D. (2000). *Dictionnaire de la pensée kleinienne.* PUF.

Hochmann, J. (2007). À la recherche d'un dialogue entre neurosciences et psychanalyse: l'exemple de l'autisme infantile. *Revue Française de Psychanalyse Neurosciences et Psychanalyse, LXXI*(2), 401-417.

Houzel, D. (1985). Le monde tourbillonnaire de l'autisme. *Lieux de l'Enfance*, (3), 169-183.

Houzel, D. (1998). Les enclaves autistiques dans les psychanalyses d'enfants. *Journal de la Psychanalyse de l'Enfant*, (5), 71-96.

Houzel, D. (2002a). *L'aube de la vie psychique: études psychanalytiques*. ESF.

Houzel, D. (2002b). Pensée et stabilité structurelle: à propos des thérories post-kleiniennes de l'autisme infantile. In D. Houzel, *L'aube de la vie psychique: études psychanalytiques* (pp. 210-221). ESF.

Houzel, D. (2002c). Observation des bébés et psychanalyse: point de vue épistémologique. In D. Houzel, *L'aube de la vie psychique: études psychanalytiques* (pp. 175-182). ESF.

Houzel, D. (2006). Les modèles dynamiques de l'autisme. *Perspectives Psy*, *45*(3), 213-216.

Hunt, A., & Shepherd, C. (1993). A prevalence study of autism in tuberous sclerosis. *Journal of Autism and Developmental Disorders*, *23*(2), 323-339.

Imbasciati, A. (2007). Neurosciences et psychanalyse: pour une nouvelle métapsychologie. *Revue Française de Psychanalyse, LXXI*(2), 456-477.

Isaacs, S. (1943/2005). Nature et fonction du phantasme. In M. Klein, P. Heimann, S. Isaac, S., & J. Riviere, *Développements de la psychanalyse* (pp. 64-114). 2e éd. PUF.

Jambaqué, I., Motrron, L., & Chiron, C. (2001). Neuropsychological outcome in children with West Syndrome: A "Human Model" for Autism. In I. Jambaqué, M. Lassonde, & O. Dulac (Eds.), *Neuropsychology of Childhood Epilepsy* (pp. 175-183). Kluwer Academic/Plenun Publishers.

Jones, E. (1916/1969). La théorie du symbolisme. In E. Jones, *Théorie et Pratique de la Psychanalyse* (pp. 83-133). Payot.

Josse, D. (1997). *Le Manuel BLR-C, Brunet-Lézine Révisé: Echelle de développement psychomoteur de la première enfance*. EAP.

Kandel, E.-R. (2002). La biologie et le futur de la psychanalyse : un nouveau cadre conceptuel de travail pour une psychiatrie revisitée. *L'Évolution Psychiatrique*, *67*(1), 40-82.

Klautau, P. (2002). *Encontros e desencontros entre Winnicott e Lacan*. Escuta.

Klein, M. (1929/2005). La personification dans le jeu de l'Enfant. In M. Klein, *Essaies de Psychanalyse* (pp. 242-253). 2e éd. PUF.

Klein, M. (1930/2005). L'importance de la formation du symbole dans le développement du moi. In M. Klein, *Essais de Psychanalyse* (pp. 236-295). 2e éd. PUF.

Klein, M. (1934/2005). Contribuition à l'étude de la psychogènese des états maniaco-dépressifs. In M. Klein, *Essais de Psychanalyse* (pp. 311-340). 2e éd. PUF.

Klein, M. (1952/2005a). Quelques conclusions théoriques au sujet de la vie émotionnelle des bébés. In M. Klein, P. Heimann, S. Isaacs, & J. Rivière, J., *Développements de la psychanalyse* (pp. 188-222). 2e èd. PUF.

Klein, M. (1952/2005b). En observant le comportement des nourrissons. In M. Klein, P. Heimann, S. Isaac, & J. Rivière, J., *Développements de la psychanalyse* (pp. 224-253). 2e éd. PUF.

Klein, M. (1952/2005c). Notes sur quelques mécanismes schizoïdes. In M. Klein, P. Heimann, S. Isaacs, & J. Rivière, J., *Dévelop--pements de la psychanalyse* (pp. 274-300). 2e éd. PUF.

Klein, M. (1952/2005d). Les influences mutuelles dans le développement du moi et du ça. In M. Klein, *Les transferts et autres écrits* (pp. 8-12). PUF.

Klein, M., Heimann, P., Isaac, S., & Rivière, J. (1952/2005e). *Développements de la psychanalyse.* 2e éd. PUF.

Klein, M. (1957/1975). *Envie et Gratitude.* 3e éd. Gallimard.

Klein, M. (1958/2005). Sur le développement du fonctionnement mental. In M. Klein, *Les transferts et autres écrits* (pp. 51-64). PUF.

Klein, M. (1959/2006). Le rôle des premières situations anxiogènes dans la formation du moi. In M. Klein, *La psychanalyse des enfants* (pp. 193-208). 2e èd. PUF.

Keller, P.-C. (2007). Discours neuroscientifique, discours psychanalytique. *Revue Française de Psychanalyse, LXXI*(2), 534-544.

Lacan, J. (1954/1975). Relation d'objet et relation intersubjective. In J. Lacan, *Livre I: Les écrits techniques de Freud* (pp. 233-244). Seuil.

Lacan, J. (1956/1994). Les trois formes du manque d'objet. In J. Lacan, *Le Séminaire IV: La relation d'objet* (pp. 25-38). Seuil.

Lacan, J. (1959-1960/1986). *Le Séminaire Livre VII: l'éthique de la psychanalyse.* Seuil.

Laplanche, J. (1970). *Vie et mort en Psychanalyse.* Flammarion.

Laplanche, J. (1984). La pulsion et son objet source: son destin dans le transfert. In *La pulsion pour quoi faire?* (pp. 9-24). Association Psychanalytique de France.

Laplanche, J. (1986). De la théorie de la séduction restreinte à la théorie de la séduction généralisée. *Etudes Freudiennes*, (27), 7-25.

Laplanche, J. (1987a). *Nouveaux fondements pour la psychanalyse*. PUF.

Laplanche, J. (1987b). Fondements: vers la théorie de la séduction généralisée. In J. Laplanche, *Nouveaux fondements pour la psychanalyse* (pp. 89-148). PUF.

Laplanche, J. (1999). *La sexualité humaine: biologisme et biologie*. Le Plessis-Robinson.

Laplanche, J., & Pontalis, J.-B. (1985). *Fantasme originaire, Fantasmes des origines, Origines du fantasme*. Hachette Littératures.

Laplanche, J., & Pontalis, J.-B. (1987). *Vocabulaire de la psychanalyse*. PUF.

Laznik, M.-C. (1992). Du ratage de l'instauration de l'image du corps au ratage de l'installation du circuit pulsionnel; quand l'aliénation fait défaut. In *La clinique de l'autisme, son enseignement psychanalytique: Actes de la Fondation Européenne pour la Psychanalyse* (pp. 107-125). Point Hors Ligne.

Laznik, M.-C. (1996a). Défenses autistiques et échec de la mise en place de la fonction de représentation. *Journal de la Psychanalyse de l'Enfant*, (19), 1-38.

Laznik, M.-C. (1996b). Pourrait-on penser à une prévention du syndrome autistique? *Contraste*, (5), 69-85.

Laznik, M.-C. (2000a). La voix comme premier objet de la pulsion orale. *Psychanalyse et Enfance du Centre Alfred Binet*, (28), 101-117.

Laznik, M.-C. (2000b). La théorie lacanienne de la pulsion permettrait de faire avancer la recherche sur l'autisme. *La Célibataire*, (4), 67-78.

Laznik, M.-C. (2004/2007). La prosodie avec les bébés à risque d'autisme: clinique et recherche. "Marine" lors da sa rechute à 15 mois. In B. Touti, F. Joly, M.-C. Laznik (Orgs.), *Langage, voix et parole dans l'autisme* (pp. 182-215). PUF.

Laznik, M.-C. (2006). PréAut: une recherche et une clinique du très précoce. Comment passer de ces bébés qui troublent leurs parents à des petits qui auraient plaisir à s'amuser avec eux. Contraste enfance et Handicap L'autisme, de l'évaluation à la prise en charge. Revue de l'ANEMCAMPS, (25), 53-80.

Laznik, M. (2010). Etude clinique de la réponse parentale face à l'enfant autiste à partir de l'analyse de films familiaux: Suivi d'un débat avec G. C. Crespin à propos des états de sidération et du mythe des origines de l'autisme. *Cahiers de PréAut* (7), 101-119. https://doi.org/10.3917/capre.007.0101

Laznik, M.-C. (2020). Comment les difficultés de la motricité du nourrisson peuvent mettre en échec les premières organisations signifiantes avec son Prochain Secourable? *Journal Français des Psychiatries*, (49), 10-14.

Lebovici, S. (1960). La relation objectale chez l'enfant. *Psychiatrie de l'Enfant, VIII*, 147-226.

Maestro, S., & Muratori, F. (2002). Les films familiaux. *Le Carnetpsy*, (75), 35-36.

Maiello, S. (1991). L'objet sonore: hypothèse d'une mémoire auditive prénatale. *Journal de la Psychanalyse de l'Enfant*, (20), 40-66.

Maiello, S. (1998). Trames sonores et rythmiques primordiales: Réminiscences Auditives dans le travail psychanalytique. In *Le compte-rendu du groupe d'étude et de recherches psychanalytiques pour le développement de l'enfant et du nourrisson, 39.*

Maiello, S. (2000/2004). Le chant et danse et son développement: la fonction du rythme dans le processus d'apprentissage du langage oral et écrit. *Journal de la Psychanalyse de l'Enfant*, (35), 149-170.

Maiello, S. (2007). Les états autistiques et les langages de l'absence. In B. Touti, F. Joly, M.-C. Laznik (Orgs.), *Langage, voix et parole dans l'autisme* (pp. 85-119). PUF.

Manzano, J. (2007). La part des neurosciences dans la construction psychanalytiques. L'exemple du développement précoce. *Revue Française de Psychanalyse*, *LXXI*(2), 328-337.

Meltzer, D. et al. (1980). *Explorations dans le monde de l'autisme.* Payot.

Muratori, F., Maestro, S., & Laznik, M.-C. (2005). Les interactions sonores dans le contexte de la recherche sur l'autisme à partir de films familiaux. In M. F. Castarede, & G. Konopezynski (Orgs.), *Au commencement était la voix* (pp. 183-189). Erès.

Nagy, E., & Molnar, P. (1994/2003). Homo imitans or homo provocants? The phenomenon of neonatal imitation. *Infant Behavior and Development*, (27), 57-63.

Olliac, B., Crespin, G., Laznik, M.-C., Cherif Idrissi El Ganouni, O., Sarradet, J.-L., Bauby C. et al. (2017). Infant and dyadic assessment in early community-based screening for autism spectrum disorder with the PREAUT grid. *PLoS ONE*, *12*(12).

Osborne, J. P., Fryer, A., & Webb, D. (1991). Epidemiology of tuberous sclerosis. *Annals of the New York Academy of Sciences*, 125-127.

Ouss-Ryngaert, L. (2004). L'intersubjectivité comme paradigme de l'intérêt des liens neuroscientifiques. *Psychiatrie Française*, (1), 37-55.

Ouss-Ryngaert, L. (2007). Impact des neurosciences sur la pratique psychanalytique: la double lecture comme clinique neuropsychanalytique. *Revue Française de Psychanalyse*, *LXXI*(2), 419-435.

Ouss-Ryngaert, L. (2008). *Une approche intégrative et neuropsychanalytique* (Tese de doutorado). Université Denis-Diderot.

Pirlot, G. (2007). La pensée neurophysiologique de S. Freud peut-elle aider au dialogue entre psychanalyse et neurosciences? *Revue Française de Psychanalyse, LXXI*(2), 478-497.

Pommier, G. (2007). La pensée neurophysiologique de S. Freud peut-elle aider au dialogue entre psychanalyse et neurosciences. *Revue Française de Psychanalyse, LXXI*(2), 478-497.

Pesco, C.-A. (2004). Le noyau narcissique primaire: ses rapports avec le vrai self winnicottien. In *Winnicott Insolite: collection de monographies de Psychanalyse* (pp. 109-133). PUF.

Ridler, K., Bullmore, E. T., De Vries, P. J., Suckling, J. et al. (1982). A long-term follow-up study of 214 children with the syndrome of infantile spasms. *Neuropediatrics*, (13), 14-23.

Rizzolatti, G., Fogassi, L., & Gallese, V. (2001). Neurophysiological mechanisms underlying the understanding and imitation of action. *Nature Reviews Neuroscience*, (2), 661-670.

Roman, P. (1997). La méthode projective comme dispositif à symboliser. In P. Roman, *Projection et symbolisation chez l'enfant* (pp. 37-51). PUL.

Roman, P. (2004). *Manuel de La Mallette Projective Première Enfance (MPPE)*. ECPA.

Roman, P. (2005). La Mallette Projective Première Enfance (MPPE): un outil clinique pour l'évaluation du jeune enfant. *Devenir, 17*(3), 233-259.

Roussillon, R. (1990). Transférer la Psychanalyse. *Revue Française de Psychanalyse, 54*(5), 1205-1215.

Roussillon, R. (1997). Activité Projective et Symbolisation. In P. Roman et al., *Projection et symbolisation chez l'enfant* (pp. 27-31). PUL.

Roussillon, R. (1999). *Agonie, clivage et symbolisation*. PUF.

Roussillon, R. (2001). L'objet, l'expérience de satisfaction et intelligibilité. *Revue Française de Psychanalyse, LXV*(4), 1379-1387.

Roussillon, R. (2002). Ombre et transformation de l'objet. *Revue Française de Psychanalyse, LXVI*(5), 1825-1835.

Roussillon, R. (2004). La pulsion et l'intersubjectivité. *Adolescence*, (50), 735-753.

Roussillon, R. (2007). La représentance et l'actualisation pulsionnelle. *Revue Française de Psychanalyse, LXXI*(2), 339-367.

Roussillon, R. (2008a). L'intersubjectivité, l'inconscient et le sexuel. In A. Braconnier, & B. Golse (Orgs.), *Bébés-ados: à corps et à cri* (pp. 15-36). Erès.

Roussillon, R. (2008b). *Le jeu et l'entre-je(u)*. PUF.

Roussillon, R. (2019). Manual da prática clínica em psicologia e psicopatologia. Blucher.

Saboia, C. (2006). O papel do bebê no processo de acesso à subjetivação. *Estilos da Clínica: Revista sobre a Infância com Problemas, 21*(2), 186-195.

Saboia, C. (2007). Autismo e novas perspectivas clínicas. *Estilos da Clínica: Revista sobre a Infância com Problemas, 23*(2), 78-89.

Saboia, C. (2022). Os impasses ao acesso à intersubjetividade: observações clínicas de um bebê com risco de evolução autística. *Estilos da Clinica: Revista sobre a Infância com Problemas, 27*(3), 422-434.

Saboia, C., Gomes, C., Viodé, C., Gille, M., Ouss, L., & Golse, B. (2018). Do brincar do bebê ao brincar da criança: um estudo sobre o processo de subjetivação da criança autista. *Psicologia: Teoria e Pesquisa*, (33).

Saboia, C., & Kupfer, M. (2017). Du jeu précoce du bébé au jeu symbolique de l'enfant: une étude dans les crèches. *Psychologie clinique et projective*, (23), 177-196.

Saint Georges, C. (2011). Dynamique, synchronie, réciprocité et mamanais dans les interactions des bébés autistes à travers les films familiaux. *Automatique/Robotique*. Université Pierre et Marie Curie - Paris VI.

Sanches-Perez, M. (1992). L'observation des bébés: son importance pour la compréhension du développement de la psychopathologie et pour la prévention. *Journal de la Psychanalyse de l'Enfant*, (12), 113-131.

Schneider, M. (2002). La pulsion de mort et la différence sexuelle. *Analyse Freudienne Presse*, *2*(6), 29-40.

Schopler, E., Reichler, R., DeVellis, J., & Daly, K. (1980). Toward objective classification of childhood autism: Childhood Autism Rating Scale (CARS). *Journal of Autism and Developmental Disorders*, (10), 91-103.

Siksou, J. (1992). L'observation directe. *Journal de la Psychanalyse de l'Enfant*, (12), 260-285.

Smalley, S. L. (1998). Autism and tuberous sclerosis. *Journal of Autism and Developmental Disorders*, *28*(5), 407-414.

Spitz, R. (1965/1979). *De la naissance à la parole: la première année de la vie*. PUF.

Stoloff, J.-C. (1998). La première théorie des pulsions et le tournant de 1920. *Topique*, (66), 56-66.

Stern, D. N. (1983). Le but et la structure du jeu mère-nourrisson. *Psychiatrie de l'Enfant*, *26*(1), 194-216.

Stern, D. N. (1989/2006). *Le Monde Interpersonnel du Nourrisson*. 4e éd. PUF.

Trevarthen, C. (1979). Communication and cooperation in early infancy: a description of primary intersubjectivity. In M. Bullowa (Ed.), *Before speech: the beginning of human communication* (pp. 321-347). Cambridge University Press.

Trevarthen, C. (1997). Racines du langage avant la parole. *Devenir*, *9*(3), 73-93.

Trevarthen, C. (2001). Intrinsic motives for companionship in understanding: their origin, development and significance for infant mental health. *Infant Mental Health Journal*, *22*(1/2), 95-131.

Trevarthen, C. (2007). Autisme et langage. In B. Touti, F. Joly, & M.-C. Laznik (Orgs.), *Langage, voix et parole dans l'autisme* (pp. 217-237). PUF.

Trevarthen, C., & Aitken, K. J. (2003a). Intersubjectivité chez le nourrisson: recherche, théorie et application clinique. *Devenir*, *15*(4), 309-428.

Trevarthen, C., & Aitken, K. J. (2003b). L'organisation soi/autrui dans le développement psychologique humain. *Psychiatrie de l'Enfant*, *46*(2), 471-511.

Tustin, F. (1981/2003a). *Les états autistiques chez l'enfant*. Seuil.

Tustin, F. (1981/2003b). Les objets autistiques. In F. Tustin, *Les états autistiques chez l'enfant* (pp. 193-220). Seuil.

Tustin, F. (1981/2003c). Les objets confusionnels. In F. Tustin, *Les états autistiques chez l'enfant* (pp. 223-251). Seuil.

Winnicott, D. W. (1939/1972). L'agressivité. In D. W. Winnicott, *L'enfant et le monde extérieur* (pp. 147-155). Payot.

Winnicott, D. W. (1941/1968). L'observation des jeunes enfants dans une situation établie. In D. W. Winnicott, *De la pédiatrie à la psychanalyse* (pp. 37-56). Payot.

Winnicott, D. W. (1942/1972). Pourquoi les enfants jouent-ils? In D. W. Winnicott, *L'enfant et le monde extérieur* (pp. 123-127). Payot.

Winnicott, D. W. (1945/1968). Le développement affectif primaire. In D. W. Winnicott, *De la pédiatrie à la psychanalyse* (pp. 57-71). Payot.

Winnicott, D. W. (1945/2005). De la théorie des pulsions à la théorie du moi. In D. W. Winnicott, *La nature humaine* (pp. 131-207). Gallimard.

Winnicott, D. W. (1950-1955/1968). L'agressivité et ses rapports avec le deuil. In D. W. Winnicott, *De la pédiatrie à la psychanalyse* (pp. 150-168). Payot.

Winnicott, D. W. (1951/1968). Objets transitionnel et phénomènes transitionnels. In D. W. Winnicott, *De la pédiatrie à la psychanalyse* (pp. 169-186). Payot.

Winnicott, D. W. (1954/1989). Play in the analytic situation. In D. W. Winnicott, *Psycho-analytic explorations* (pp. 28-37). Karnac.

Winnicott, D. W. (1956/1968). La préoccupation maternelle primaire. In D. W. Winnicott, *De la pédiatrie à la psychanalyse* (pp. 285-291). Payot.

Winnicott, D. W. (1956/1989). The fate of transition object. In D. W. Winnicott, *Psycho-analytic explorations* (pp. 53-58). Karnac.

Winnicott, D. W. (1957/1970). Contribution de l'observation directe des enfants a la psychanalyse. In D. W. Winnicott, *Processus de maturation chez l'enfant: développement affectif et environnement* (pp. 73-79). Payot.

Winnicott, D. W. (1958/1968). La capacité d'être seul. In D. W. Winnicott, *De la pédiatrie à la psychanalyse* (pp. 326-333). Payot.

Winnicott, D. W. (1960/2004). *Agressivité, culpabilité et réparation*. Petite Bibliothèque Payot.

Winnicott, D. W. (1962/1970). Intégration du moi au cours du développement de l'enfant. In D. W. Winnicott, *Processus de maturation chez l'enfant: développement affectif et environnement* (pp. 9-30). Payot.

Winnicott, D. W. (1963/1970a). Le passage de la dépendance à l'indépendance dans le développement de l'individu. In D. W. Winnicott, *Processus de maturation chez l'enfant: développement affectif et environnement* (pp. 46-54). Payot.

Winnicott, D. W. (1963/1970b). De la communication et de la non-communication. In D. W. Winnicott, *Processus de maturation chez l'enfant: développement affectif et environnement* (pp. 151-168). Payot.

Winnicott, D. W. (1968). *De la pédiatrie à la psychanalyse*. Payot.

Winnicott, D. W. (1971/1975a). *Jeu et réalité*. Gallimard.

Winnicott, D. W. (1971/1975b). L'utilisation de l'objet et le mode de relation à l'objet au travers des identifications. In D. W. Winnicott, *Jeu et réalité* (pp. 120-130). Gallimard.

Winnicott, D. W. (1971/1975c). Le rôle de miroir de la mère et de la famille dans le développement de l'enfant. In D. W. Winnicott, *Jeu et réalité* (pp. 154-164). Gallimard.

Winnicott, D. W. (1988/2005). Le développement émotionnel de l'être humain. In D. W. Winnicott, *La nature humaine* (pp. 49-88). Gallimard.

Winnicott, D. W. (1989). Notes on play (Undated). In D. W. Winnicott, *Psycho-analytic explorations* (pp. 59-63). Karnac.

GRÁFICA PAYM
Tel. [11] 4392-3344
paym@graficapaym.com.br